Erik Janson

Das Jakobusevangelium

Die Botschaft Jesu zum Mitmachen

Impressum

Bibliografische Information der Deutschen Nationalbibliothek:
Die Deutsche Nationalbibliothek verzeichnet diese Publikation in der Deutschen Nationalbibliografie; detaillierte bibliografische Daten sind im Internet über http://dnb.dnb.de abrufbar.

Lektorat: Detlef Hänssler
Korrektorat: Monika Wachtelgruber - wordART cologne
weitere Mitwirkende: Henning Stracke, Jörn Petzold
Titel der schwedischen Originalausgabe: Jakobs evangelium - Jesu budskap: Gå med oss!

Verlag: BoD · Books on Demand GmbH, In de Tarpen 42, 22848 Norderstedt
Druck: Libri Plureos GmbH, Friedensallee 273, 22763 Hamburg

ISBN: 978-3-7693-0170-0

FSC
www.fsc.org
MIX
Papier aus verantwortungsvollen Quellen
Paper from responsible sources
FSC® C105338

Vorwort

„Seid aber Täter des Wortes und nicht nur Hörer allein."

Jakobus 1,22

Mit diesem eindringlichen Aufruf beginnt die Reise, die dich auf den Seiten dieses Buches erwartet. Das Jakobus-Evangelium – ein fiktives Werk, das sich nicht nur mit den Worten und Taten Jesu beschäftigt, sondern dich herausfordert, aktiv an seiner Botschaft teilzuhaben. In einer Welt, in der die Stimmen der Verwirrung und des Zweifels oft lauter sind als die Botschaft der Hoffnung und der Liebe, lädt dich dieses Evangelium ein, die Lehren Jesu nicht nur zu hören, sondern sie zu leben.

Inspiriert vom Brief des Jakobus und den authentischen Momenten im Leben Jesu, präsentiert dieses Buch eine packende und zugleich kompakte Erzählung seiner Lebensgeschichte und seiner Lehre. Hier findest du die Schlüssel zu einem Glauben, der nicht im stillen Kämmerlein bleibt, sondern in die Welt hinausgetragen wird. Diese Seiten sind mehr als nur eine Erzählung; sie sind ein Experiment, das die Essenz des Christlichen in den Mittelpunkt stellt: die Aufforderung zur Handlung.

Das Jakobus-Evangelium ist deine Einladung, deinen Glauben zu aktivieren, in die Fußstapfen des Meisters zu treten und die Botschaft Jesu nicht nur zu hören, sondern sie durch dein Leben sichtbar werden zu lassen. Jeder Vers, jede Geschichte, jede Lehre wird dich ermutigen, deine eigenen Schritte zu wagen und zu entdecken, was es bedeutet, als Nachfolger Jesu zu leben.

Egal, ob du bereits auf dem Weg des Glaubens bist oder neugierig die ersten Schritte wagst, ich lade dich ein, mit offenem Herzen und offenen Ohren zu lesen. Lass dich von der Lehre Jesu inspirieren und sei bereit, die Herausforderung anzunehmen, die Worte in Taten zu verwandeln.

Möge dieses Buch dir nicht nur neue Einsichten schenken, sondern dich auch ermutigen, ein aktiver Teil von Gottes Plan in dieser Welt zu werden.
Willkommen in der Reise des Jakobus-Evangeliums – einer Reise, die darauf wartet, von dir gestaltet zu werden. Sei bereit, nicht nur zu hören, sondern zu handeln.

„Gebrauchsanweisung"

Um das Beste aus deiner Lektüre herauszuholen, habe ich hier einige Hinweise zusammengestellt:

1. Lese mit offenen Augen und Herzen

- Nimm dir Zeit, um die Texte in Ruhe zu lesen und darüber nachzudenken. Sei bereit, neue Einsichten zu gewinnen und deinen eigenen Glauben zu hinterfragen.

2. Reflektiere über die Fragen

- Am Ende jedes Kapitels findest du Fragen zur Selbsterforschung. Nimm dir Zeit, um über diese Fragen nachzudenken. Schreibe deine Antworten auf, teile sie mit anderen oder nutze sie für persönliche Gebete.

3. Setze die Vorschläge um

- Die praktischen Vorschläge am Ende jedes Kapitels sind dazu da, in deinem Alltag verwirklicht zu werden. Wähle mindestens einen Vorschlag aus, den du in der kommenden Woche umsetzen möchtest.

4. Teile deine Gedanken

- Diskutiere die Inhalte mit Freunden, in einer Gruppe oder in deiner Gemeinde. Der Austausch mit anderen kann dir helfen, verschiedene Perspektiven zu entdecken und deinen Glauben weiter zu vertiefen.

5. Mach eine persönliche Reise daraus

- Betrachte das Lesen des Jakobus-Evangeliums als persönliche Reise. Nimm dir Zeit für Gebet und Meditation über die Lehren Jesu und überlege, wie sie sich auf dein Leben anwenden lassen.

6. Sei geduldig mit dir selbst

- Glaubenswege sind individuell und oft herausfordernd. Sei geduldig mit dir selbst, während du versuchst, die Lehren Jesu in deinem Leben umzusetzen. Jeder Schritt, egal wie klein, zählt.

7. Kehre immer wieder zurück

- Du kannst jederzeit zu den Kapiteln und den Fragen zurückkehren. Vielleicht entdeckst du bei erneutem Lesen neue Einsichten, die du zuvor übersehen hast.

8. Dokumentiere deinen Fortschritt

- Halte deine Gedanken und Erfahrungen während deiner Lektüre in einem Notizbuch fest. Dies kann dir helfen, deinen Fortschritt zu verfolgen und deine Entwicklung im Glauben zu reflektieren.

9. Lass dich von der Botschaft inspirieren

- Erinnere dich daran, dass das Jakobus-Evangelium dazu dient, dich zu inspirieren und zu ermutigen, deinen Glauben aktiv zu leben. Lass die Botschaft Jesu dein Herz und dein Handeln prägen.

Um es noch einmal klar zu sagen: Es gibt kein Jakobus-Evangelium. Aber es gibt die vier bekannten Evangelien sowie den Brief des Jakobus. Beides bringt dieses Buch zusammen.

Wenn du mehr über Jesus erfahren willst, lies die Bibel, so wie sie für alle Menschen auf verschiedenste Weise zugänglich ist.

Möge das Jakobus-Evangelium dich auf deiner Reise begleiten und dich dazu inspirieren, die Worte und Taten Jesu in deinem Alltag zu verwirklichen.

Viel Freude beim Lesen und Umsetzen!

Erik Janson & Team

„Das Evangelium des Jakobus"

Kapitel 1: Die Geburt und Kindheit Jesu

Ankündigung der Geburt Jesu

Es begab sich in den Tagen des Königs Herodes, dass ein Engel des Herrn namens Gabriel zu einer Jungfrau in Nazareth gesandt wurde, die Maria hieß. Sie war dem Mann Josef aus dem Hause Davids verlobt. Der Engel trat zu ihr und sprach: „Sei gegrüßt, du Begnadete, der Herr ist mit dir." Maria erschrak über diese Worte und fragte sich, was dieser Gruß bedeuten sollte. Da sagte der Engel: „Fürchte dich nicht, Maria, denn du hast Gnade bei Gott gefunden. Du wirst schwanger werden und einen Sohn gebären, und du sollst ihm den Namen Jesus geben. Er wird groß sein und Sohn des Höchsten genannt werden, und der Herr Gott wird ihm den Thron seines Vaters David geben."

Maria fragte den Engel: „Wie soll das geschehen, da ich keinen Mann erkenne?" Der Engel antwortete: „Der Heilige Geist wird über dich kommen, und die Kraft des Höchsten wird dich überschatten. Darum wird auch das Heilige, das geboren wird, Sohn Gottes genannt werden."

Maria sprach: „Siehe, ich bin die Magd des Herrn; mir geschehe nach deinem Wort." Und der Engel verließ sie.

Die Geburt in Bethlehem

Zur selben Zeit erging ein Gebot von Kaiser Augustus, dass alle Welt geschätzt werde. Josef zog mit Maria, seiner Verlobten, die schwanger war, aus Nazareth nach Bethlehem, weil er aus dem Hause und Geschlecht Davids stammte. Während sie dort waren, kam die Zeit, dass Maria gebären sollte, und sie gebar ihren ersten Sohn. Sie wickelte ihn in Windeln und legte ihn in eine Krippe, weil in der Herberge kein Platz für sie war.

Die Anbetung der Hirten und Weisen

In derselben Gegend waren Hirten auf dem Feld, die in der Nacht ihre Herden hüteten. Ein Engel des Herrn trat zu ihnen, und die Herrlichkeit des Herrn umleuchtete sie. Sie fürchteten sich sehr, aber der Engel sprach zu ihnen: „Fürchtet euch nicht! Siehe, ich verkündige euch große Freude, die dem ganzen Volk widerfahren wird: Heute ist euch in der Stadt Davids der Retter geboren, der Christus, der Herr." Plötzlich war bei dem Engel eine Menge himmlischer Heerscharen, die Gott lobten und sprachen: „Ehre sei Gott in der Höhe und Friede auf Erden bei den Menschen seines Wohlgefallens."

Als die Engel von ihnen in den Himmel zurückkehrten, sprachen die Hirten zueinander: „Lasst uns nach Bethlehem gehen und sehen, was der Herr uns kundgetan hat." Sie eilten hin und fanden Maria, Josef und das Kind in der Krippe liegen. Sie erzählten, was ihnen über das Kind gesagt worden war, und alle, die es hörten, wunderten sich. Maria aber bewahrte alle diese Worte in ihrem Herzen und bewegte sie.

Auch Weise aus dem Osten kamen nach Jerusalem, geführt von einem Stern, der ihnen den Weg zur Krippe wies. Sie brachten dem Kind Geschenke: Gold, Weihrauch und Myrrhe, und beteten es an.

Die Flucht nach Ägypten und Rückkehr nach Nazareth

Doch als die Weisen weggezogen waren, erschien Josef im Traum ein Engel des Herrn, der sprach: „Steh auf, nimm das Kind und seine Mutter und fliehe nach Ägypten, denn Herodes trachtet danach, das Kind zu töten." Josef stand auf, nahm in der Nacht das Kind und seine Mutter und floh nach Ägypten. Dort blieben sie, bis Herodes gestorben war. Danach erschien der Engel erneut im Traum und sagte: „Steh auf, nimm das Kind und seine Mutter und ziehe in das Land Israel, denn die, die dem Kind nach dem Leben trachteten, sind tot." So kehrten sie nach Nazareth zurück, wo Jesus aufwuchs.

Jesu Kindheit im Tempel

Als Jesus zwölf Jahre alt war, zogen seine Eltern nach Jerusalem zum Passafest. Nachdem das Fest vorbei war und sie auf dem Heimweg waren, blieb Jesus in Jerusalem, ohne dass seine Eltern es bemerkten. Sie suchten ihn drei Tage lang, bis sie ihn im Tempel fanden, wie er unter den Lehrern saß, ihnen zuhörte und sie befragte. Alle, die ihn hörten, staunten über seine Weisheit. Als seine Mutter ihn sah, sprach sie: „Kind, warum hast du uns das angetan? Siehe, dein Vater und ich haben dich mit Schmerzen gesucht." Jesus antwortete: „Warum habt ihr mich gesucht? Wusstet ihr nicht, dass ich in dem sein muss, was meines Vaters ist?" Doch sie verstanden seine Worte nicht.

Jesus kehrte mit ihnen nach Nazareth zurück und war ihnen gehorsam. Und er nahm zu an Weisheit, Alter und Gnade bei Gott und den Menschen.

Das erste Kapitel gibt eine zusammengefasste Darstellung der Geburt und frühen Kindheit Jesu und verknüpft Elemente aus den verschiedenen Evangelien. Soll ich mit dem nächsten Kapitel fortfahren?

Fragen zur Selbsterforschung:

1. **Was bedeutet die Demut der Geburt Jesu in einem Stall für mein Verständnis von Gottes Nähe in meinem eigenen Leben?**
    - Wie erlebe ich Gottes Gegenwart in den einfachen oder schwierigen Momenten meines Alltags?
2. **Wie gehe ich mit den „Fremden" in meinem Leben um, so wie Maria und Josef in Bethlehem als Fremde aufgenommen wurden?**
    - Bin ich offen für Menschen, die anders sind oder in Not sind?

3. **Welche Rolle spielt Vertrauen in meinem Leben, ähnlich dem Vertrauen, das Maria und Josef auf Gott setzten, als sie nach Ägypten flohen?**
    - Vertraue ich Gott, auch wenn mein Weg unsicher und schwer zu erkennen ist?
4. **Wie gehe ich mit Veränderungen um, so wie Jesu Familie ihr Leben in Nazareth neu aufbauen musste?**
    - Wie bereit bin ich, Veränderungen in meinem Leben anzunehmen, die mich näher zu Gott führen könnten?
5. **In welchen Momenten habe ich, wie Jesus im Tempel, den Eindruck, dass ich meiner Berufung nahe bin?**
    - Wo habe ich das Gefühl, besonders nahe bei Gott zu sein und seinem Willen für mein Leben nachzukommen?

Vorschläge zur konkreten Umsetzung:

1. **Zeige Demut und Dankbarkeit im Alltag.**
    - Nimm dir täglich einen Moment, um Dankbarkeit für die kleinen Dinge im Leben zu zeigen, auch für Dinge, die unscheinbar erscheinen.
2. **Hilf Menschen in Not.**
    - Überlege dir, wie du in deinem Umfeld Menschen unterstützen kannst, die fremd oder hilfsbedürftig sind – sei es durch eine Spende, Gastfreundschaft oder Zeit.
3. **Stärke dein Vertrauen in Gott.**
    - Beginne oder beende deinen Tag mit einem kurzen Gebet, in dem du deine Sorgen und Unsicherheiten vor Gott bringst, und übe, auf seinen Weg zu vertrauen.

4. **Lebe bewusst im Hier und Jetzt.**
    - Versuche, in Momenten der Veränderung das Positive zu sehen und Gott in den neuen Umständen zu suchen. Setze dir bewusst neue Ziele, die auf deinem Glauben basieren.
5. **Fördere geistige Entwicklung und Reflexion.**
    - Schaffe dir regelmäßig Zeit zur Reflexion über deine Beziehung zu Gott, indem du in der Bibel liest, meditierst oder an einem geistlichen Austausch teilnimmst.

Kapitel 2: Johannes der Täufer und die Taufe Jesu

Predigt und Taufe durch Johannes

In jenen Tagen trat Johannes der Täufer in der Wüste auf und predigte die Taufe zur Umkehr, damit die Menschen Vergebung ihrer Sünden erlangten. Er war bekleidet mit einem Gewand aus Kamelhaaren, und ein Ledergürtel war um seine Hüften. Seine Nahrung bestand aus Heuschrecken und wildem Honig. Johannes predigte: „Kehrt um, denn das Reich Gottes ist nahe! Bereitet den Weg des Herrn, macht gerade seine Pfade!" Aus ganz Judäa und Jerusalem kamen die Menschen zu ihm. Sie bekannten ihre Sünden und ließen sich von Johannes im Jordan taufen.

Johannes sprach zu den Menschen: „Ihr Schlangenbrut, wer hat euch gelehrt, dem kommenden Zorn zu entfliehen? Bringt Frucht, die der Umkehr entspricht, und sagt nicht: 'Wir haben Abraham zum Vater.' Denn ich sage euch, Gott kann aus diesen Steinen Kinder Abrahams erwecken. Schon ist die Axt an die Wurzel der Bäume gelegt. Jeder Baum, der keine gute Frucht bringt, wird umgehauen und ins Feuer geworfen."

Die Leute fragten Johannes: „Was sollen wir tun?" Er antwortete: „Wer zwei Mäntel hat, der gebe dem, der keinen hat; und wer zu essen hat, teile mit dem, der hungert." Auch Zöllner kamen, um sich taufen zu lassen, und fragten: „Meister, was sollen wir tun?" Johannes antwortete: „Fordert nicht mehr, als euch zusteht." Soldaten fragten ihn ebenfalls: „Und was sollen wir tun?" Er sagte: „Misshandelt niemanden und erpresst niemanden, sondern begnügt euch mit eurem Sold."

Johannes verkündete weiter: „Nach mir kommt einer, der stärker ist als ich. Ich bin nicht wert, ihm die Riemen seiner Sandalen zu lösen. Er wird euch mit dem Heiligen Geist und mit Feuer taufen. Seine Worfschaufel ist in seiner Hand, um die Spreu vom Weizen zu trennen. Die Spreu aber wird er in einem unauslöschlichen Feuer verbrennen."

Die Taufe Jesu im Jordan

Da kam Jesus aus Galiläa an den Jordan zu Johannes, um sich von ihm taufen zu lassen. Johannes aber wehrte ihm und sprach: „Ich müsste von dir getauft werden, und du kommst zu mir?" Doch Jesus antwortete: „Lass es jetzt geschehen! Denn so geziemt es sich für uns, alle Gerechtigkeit zu erfüllen." Da gab Johannes nach und taufte ihn.

Als Jesus aus dem Wasser stieg, öffnete sich der Himmel, und er sah den Geist Gottes wie eine Taube auf sich herabkommen. Und eine Stimme aus dem Himmel sprach: „Dies ist mein geliebter Sohn, an dem ich Wohlgefallen habe."

Die Stimme Gottes und der Heilige Geist

Während Jesus noch im Wasser stand und der Geist Gottes auf ihn ruhte, erschallte die Stimme des Vaters, klar und deutlich: „Dies ist mein geliebter Sohn, an dem ich Wohlgefallen habe." Die Anwesenden staunten und blickten zum Himmel, denn viele hatten die Stimme gehört und waren von Ehrfurcht erfüllt.

Johannes, der dies alles sah, verkündete: „Dieser ist es, von dem ich gesagt habe: Nach mir kommt einer, der stärker ist als ich. Ich habe es gesehen, und ich bezeuge, dass er der Sohn Gottes ist." Und von diesem Tag an begann Jesus, sich auf sein öffentliches Wirken vorzubereiten.

Fragen zur Selbsterforschung:

1. **Wie stehe ich zu Umkehr und Neuanfang in meinem Leben, so wie Johannes zur Umkehr aufrief?**
    - Bin ich bereit, alte Gewohnheiten aufzugeben und mich auf Neues einzulassen, wenn es mich näher zu Gott führt?
2. **Was bedeutet die Taufe Jesu für mein eigenes Verständnis von Reinheit und göttlicher Berufung?**

   - Wie erlebe ich den Ruf Gottes in meinem Leben, und wie gehe ich damit um?
3. **In welchen Bereichen meines Lebens brauche ich Buße, um mich innerlich zu erneuern?**
   - Wo erkenne ich Bereiche, in denen ich Gottes Vergebung und Erneuerung brauche?
4. **Welche Stimme hat in meinem Leben Autorität, so wie die Stimme Gottes bei der Taufe Jesu?**
   - Welche inneren oder äußeren Stimmen beeinflussen meine Entscheidungen, und wie erkenne ich Gottes Stimme in all dem?
5. **Erkenne ich, wie Gottes Geist in meinem Alltag wirkt, so wie der Heilige Geist bei der Taufe auf Jesus herabkam?**
   - Wo kann ich den Heiligen Geist in meinem eigenen Leben und Handeln spüren?

Vorschläge zur konkreten Umsetzung:

1. **Praktiziere bewusste Umkehr.**
   - Setze dir konkrete Ziele, um schädliche Gewohnheiten zu ändern, sei es in deinen Beziehungen, deinem Verhalten oder deinem Glaubensleben. Beginne kleine Schritte in Richtung eines besseren Selbst.
2. **Erneuere dein Taufversprechen.**
   - Nimm dir Zeit, um über die Bedeutung deiner Taufe nachzudenken. Vielleicht besuchst du einen Gottesdienst oder erneuerst in einem persönlichen Gebet dein Versprechen, in Gottes Wegen zu wandeln.
3. **Finde Momente der Stille, um Gottes Stimme zu hören.**
   - Schaffe dir täglich einen ruhigen Raum, in dem du über Gottes Wille für dein Leben nachdenken und auf seine Führung hören kannst.

4. **Stärke deine Gemeinschaft mit Gott durch Gebet und Meditation.**
   - Baue eine tägliche Gebetsroutine auf, in der du Gott für Vergebung bittest, deine Lasten loslässt und um Erneuerung bittest, ähnlich wie Johannes die Menschen zur Buße aufrief.
5. **Erkenne und fördere den Heiligen Geist in deinem Alltag.**
   - Sei offen für die kleinen Zeichen des Heiligen Geistes in deinem Leben. Vielleicht ist es ein Moment der Liebe, des Mitgefühls oder der Weisheit, den du bewusst als göttliche Inspiration annimmst und in deinem Handeln verwirklichst.

Kapitel 3: Die Versuchung in der Wüste

Fasten in der Wüste

Nachdem Jesus von Johannes im Jordan getauft worden war, wurde er vom Geist in die Wüste geführt, um vom Teufel versucht zu werden. Dort verbrachte er vierzig Tage und vierzig Nächte ohne Nahrung. Während dieser Zeit betete er und bereitete sich auf sein öffentliches Wirken vor. In seiner körperlichen Schwäche, aber geistigen Stärke, stand er den kommenden Versuchungen gegenüber.

Die erste Versuchung: Brot aus Steinen

Am Ende der vierzig Tage, als der Hunger Jesu groß wurde, trat der Versucher, der Teufel, an ihn heran und sprach: „Wenn du der Sohn Gottes bist, so sprich, dass diese Steine Brot werden." Der Teufel wollte Jesu Hunger und seine Macht ausnutzen, um ihn zu einem Wunder zu verleiten, das allein zu seiner eigenen Versorgung diente.

Doch Jesus antwortete ihm: „Es steht geschrieben: ‚Der Mensch lebt nicht vom Brot allein, sondern von jedem Wort, das aus dem Mund Gottes kommt.'" Mit diesen Worten stellte Jesus klar, dass das geistliche Leben wichtiger ist als körperliche Bedürfnisse, und er widerstand der Versuchung, seine göttliche Macht für egoistische Zwecke zu missbrauchen.

Die zweite Versuchung: Der Sprung vom Tempel

Der Teufel führte Jesus auf den höchsten Punkt des Tempels in Jerusalem und sprach zu ihm: „Wenn du der Sohn Gottes bist, so stürze dich hinab. Denn es steht geschrieben: ‚Er wird seinen Engeln deinetwegen befehlen, und sie werden dich auf Händen tragen, damit du deinen Fuß nicht an einen Stein stößt.'" Der Teufel forderte Jesus heraus, seine Beziehung zu Gott öffentlich zu demonstrieren, indem er ihn zu einem spektakulären Akt des Glaubens aufrief.

Doch Jesus entgegnete: „Es steht auch geschrieben: ‚Du sollst den Herrn, deinen Gott, nicht auf die Probe stellen.'" Jesus lehnte es ab, Gottes Macht und Liebe herauszufordern, indem er ein Wunder forderte, das allein dem Ego diente.

Die dritte Versuchung: Macht über die Welt

Daraufhin führte der Teufel Jesus auf einen sehr hohen Berg und zeigte ihm alle Königreiche der Welt und ihre Pracht. Der Teufel sprach: „Dies alles will ich dir geben, wenn du niederfällst und mich anbetest." Mit dieser Versuchung bot er Jesus irdische Macht und Reichtum an, wenn er nur den wahren Gott verleugnete.

Jesus aber sprach zu ihm: „Weg mit dir, Satan! Denn es steht geschrieben: ‚Du sollst den Herrn, deinen Gott, anbeten und ihm allein dienen.'" Jesus machte deutlich, dass nichts, nicht einmal die Herrschaft über die Welt, ihn dazu verleiten könnte, von seinem Vertrauen und seiner Treue zu Gott abzulassen.

Jesu Sieg über die Versuchung

Nach diesen drei Versuchungen ließ der Teufel von Jesus ab, und Engel kamen herbei, um ihm zu dienen. Jesus war siegreich geblieben, hatte die Versuchungen überwunden und damit gezeigt, dass seine Hingabe an den Willen Gottes über allem stand.

Gestärkt durch diesen geistlichen Sieg, kehrte Jesus aus der Wüste zurück, bereit, das Reich Gottes zu verkünden. Die Versuchungen hatten ihm gezeigt, dass sein Weg nicht von weltlichem Ruhm oder Macht geprägt sein würde, sondern von Gehorsam gegenüber dem Vater und dem Dienst an den Menschen.

Fragen zur Selbsterforschung:

1. **In welchen Bereichen meines Lebens werde ich versucht, meinen Glauben oder meine Werte zu kompromittieren?**
    - Wo stehe ich vor der Herausforderung, meinen Überzeugungen untreu zu werden, um

kurzfristige Erfolge oder Bequemlichkeit zu erreichen?

2. **Wie gehe ich mit Momenten der Schwäche und Einsamkeit um, so wie Jesus in der Wüste?**
   - Wie reagiere ich, wenn ich mich verlassen oder entmutigt fühle, und wo suche ich in diesen Momenten Unterstützung?
3. **Was sind meine „Wüstenzeiten“, in denen ich geistlich geprüft werde?**
   - Welche schwierigen Situationen in meinem Leben fordern mich auf, meinen Glauben zu vertiefen und Gott mehr zu vertrauen?
4. **Wie lasse ich mich von weltlichen Dingen ablenken, so wie der Teufel Jesus materielle Macht anbot?**
   - Wo erkenne ich, dass ich mein Leben nach materiellen Gütern oder äußerem Erfolg ausrichte, anstatt Gottes Willen zu folgen?
5. **Wo finde ich Kraft, Versuchungen zu widerstehen?**
   - Was gibt mir innere Stärke und Orientierung, um auf meinem Glaubensweg zu bleiben, wenn ich versucht werde, vom Weg abzukommen?

Vorschläge zur konkreten Umsetzung:

1. **Stärke deine geistige Widerstandskraft.**
   - Übe dich darin, Versuchungen zu erkennen und bewusst zu widerstehen. Finde Strategien, wie Gebet oder Gespräche mit vertrauenswürdigen Personen, um nicht nachzugeben, wenn du in schwierigen Situationen bist.
2. **Setze geistliche Disziplinen ein.**
   - Faste oder verzichte bewusst auf etwas, das dir wichtig ist, um dich auf Gottes Führung zu konzentrieren. Nutze diese Zeit, um innerlich zu wachsen und dich auf die wesentlichen Dinge zu fokussieren.

3. **Baue Zeiten der Stille und Reflexion in deinen Alltag ein.**
    - Gönne dir regelmäßig Pausen, in denen du dich von Lärm und Ablenkungen zurückziehst. Verwende diese Momente, um über dein Leben nachzudenken und deinen Glauben zu stärken, ähnlich wie Jesus seine Zeit in der Wüste verbrachte.
4. **Erkenne deine eigenen Schwächen an und bitte um Hilfe.**
    - Sei ehrlich zu dir selbst, wenn du merkst, dass du in bestimmten Bereichen deines Lebens anfällig für Versuchungen bist. Bitte Gott um Unterstützung, oder sprich mit Menschen, die dir in diesen Momenten Kraft geben können.
5. **Stärke dein Vertrauen in Gottes Wort.**
    - Nimm dir regelmäßig Zeit, um in der Bibel zu lesen, besonders in schwierigen Zeiten. Finde Verse, die dir Kraft geben und dich daran erinnern, dass du nicht allein kämpfst, sondern dass Gott dich stärkt, wie er Jesus in der Wüste gestärkt hat.

Kapitel 4: Der Beginn des Wirkens Jesu

Die Berufung der ersten Jünger

Nachdem Jesus die Versuchungen in der Wüste überwunden hatte, kehrte er in die Region Galiläa zurück, erfüllt vom Geist Gottes. Seine Lehren verbreiteten sich schnell, und viele Menschen folgten ihm. Als Jesus am Ufer des Sees Genezareth entlangging, sah er zwei Brüder: Simon, der Petrus genannt wurde, und Andreas. Sie warfen ihre Netze aus, denn sie waren Fischer.

Jesus sprach zu ihnen: „Kommt, folgt mir nach! Ich will euch zu Menschenfischern machen.“ Sofort ließen sie ihre Netze liegen und folgten ihm.

Ein Stück weiter sah Jesus zwei weitere Brüder, Jakobus, den Sohn des Zebedäus, und Johannes. Auch sie waren Fischer und saßen in ihrem Boot, um die Netze zu flicken. Jesus rief sie, und sie verließen augenblicklich ihr Boot und ihren Vater Zebedäus und folgten ihm.

Jesus sammelte seine Jünger um sich und begann, ihnen von Gott und dem kommenden Reich zu lehren. Er zog durch die Städte und Dörfer Galiläas, lehrte in den Synagogen, verkündete das Evangelium vom Reich Gottes und heilte jede Krankheit und jedes Leiden unter den Menschen.

Das erste Wunder in Kana

Eines Tages, als Jesus und seine Jünger nach Kana in Galiläa kamen, wurde er zu einer Hochzeit eingeladen, und auch seine Mutter Maria war dort. Während des Festes ging der Wein aus, und Maria sprach zu Jesus: „Sie haben keinen Wein mehr.“ Jesus antwortete ihr: „Frau, was habe ich mit dir zu schaffen? Meine Stunde ist noch nicht gekommen.“ Doch Maria sagte zu den Dienern: „Was er euch sagt, das tut.“

Es standen dort sechs steinerne Wasserkrüge, die für die Reinigung der Juden verwendet wurden, jeder fasste zwei bis drei Maß. Jesus sprach zu den Dienern: „Füllt die Krüge mit

Wasser." Sie füllten sie bis zum Rand. Dann sagte er: „Schöpft jetzt und bringt es dem Speisemeister." Als der Speisemeister das Wasser, das zu Wein geworden war, kostete, wusste er nicht, woher es kam, doch die Diener wussten es. Der Speisemeister rief den Bräutigam und sprach zu ihm: „Jeder gibt zuerst den guten Wein, und wenn die Gäste betrunken sind, den weniger guten. Du aber hast den guten Wein bis jetzt aufbewahrt."

Dies war das erste Zeichen, das Jesus in Kana vollbrachte. Er offenbarte seine Herrlichkeit, und seine Jünger glaubten an ihn. Doch er bat sie, diese Tat vorerst nicht weiter zu verbreiten, da seine Zeit noch nicht gekommen war, um sich der Welt vollständig zu offenbaren.

Jesu Verkündigung des Reiches Gottes

Nach diesem Wunder zog Jesus weiter durch Galiläa und begann offen, das Reich Gottes zu verkünden. Er rief zur Umkehr auf und sprach: „Das Reich Gottes ist nahe. Kehrt um und glaubt an das Evangelium!" Die Menschen, die ihm zuhörten, waren erstaunt über seine Lehren, denn er sprach mit Autorität, anders als die Schriftgelehrten. Viele folgten ihm, weil sie von seinen Worten und seinen Zeichen bewegt waren.

Jesus zog von Dorf zu Dorf, von Stadt zu Stadt, und verkündete, dass das Reich Gottes nicht von dieser Welt sei, sondern in den Herzen der Menschen beginnen würde. Er sprach von Gottes Liebe, die alle Menschen umfasse, und von der Gerechtigkeit, die das Fundament dieses Reiches sei. „Selig sind die Armen im Geist," sagte er, „denn ihnen gehört das Himmelreich."

Durch seine Lehren und Wunder gewann Jesus schnell an Anhängern, aber auch seine Gegner, besonders unter den Pharisäern und Schriftgelehrten, begannen ihn kritisch zu beobachten. Doch Jesus setzte sein Werk unbeirrt fort, indem er sich auf die Verkündigung der frohen Botschaft und die Heilung der Leidenden konzentrierte.

Das Wachstum der Jüngerschaft

Während Jesus durch die Städte zog, wuchs die Zahl derer, die ihm folgten, immer mehr. Seine Jünger, die nun ständig an seiner Seite waren, lernten von ihm und begannen, seine Botschaft weiterzugeben. Jesus wählte schließlich zwölf von ihnen aus, die er besonders schulte, um sie zu seinen Aposteln zu machen. Diese zwölf sollten seine Botschaft in alle Welt tragen und die Grundlagen seines Reiches legen.

Die Botschaft von Jesus breitete sich immer weiter aus, und das Volk begann zu erkennen, dass in ihm jemand Größeres als ein gewöhnlicher Lehrer zu ihnen sprach.

Fragen zur Selbsterforschung:

1. **Wie empfinde ich den Ruf Gottes in meinem Leben, so wie Jesus die ersten Jünger berufen hat?**
   - Welche Gaben und Talente habe ich, die Gott in meinem Leben nutzen möchte?
2. **Bin ich bereit, meine gewohnten Wege zu verlassen und neuen Herausforderungen zu begegnen?**
   - Wie reagiere ich auf Veränderungen in meinem Leben und auf Einladungen, neue Wege zu gehen?
3. **Wie kann ich die Bedeutung von Wundern und Zeichen in meinem eigenen Glauben erkennen?**
   - Welche „Wunder" habe ich in meinem Leben erlebt, die meinen Glauben gestärkt haben?
4. **Wie teile ich meine Erfahrungen mit Jesus mit anderen, um sie zu inspirieren?**
   - Welche Geschichten aus meinem Glaubensleben könnte ich mit anderen teilen, um sie zum Glauben zu ermutigen?

5. **Inwieweit bin ich bereit, meine Prioritäten und Lebensziele nach dem Vorbild Jesu neu auszurichten?**
   - Was müsste ich ändern, um Jesus in den Mittelpunkt meines Lebens zu stellen und ihm nachzufolgen?

Vorschläge zur konkreten Umsetzung:

1. **Reflektiere über deinen Lebensruf.**
   - Setze dich regelmäßig mit deinen Talenten und Gaben auseinander. Überlege, wie du sie in deinem täglichen Leben für Gott und andere Menschen einsetzen kannst.
2. **Öffne dich für neue Möglichkeiten.**
   - Sei bereit, neue Wege zu gehen, indem du z. B. an einem neuen Kurs teilnimmst, dich in einer neuen Gruppe engagierst oder einen neuen Dienst in deiner Gemeinde übernimmst.
3. **Erkenne die Wunder in deinem Leben.**
   - Halte eine Dankbarkeitsliste oder ein Glaubensjournal, in dem du besondere Ereignisse und Wunder festhältst, die deinen Glauben stärken.
4. **Teile deinen Glauben aktiv.**
   - Plane einen Zeitpunkt, um mit Freunden oder Familienmitgliedern über deinen Glauben zu sprechen. Erzähle ihnen von deinen Erfahrungen und Wundern, die dir widerfahren sind.
5. **Setze Prioritäten im Einklang mit deinem Glauben.**
   - Überprüfe deine täglichen Gewohnheiten und Prioritäten. Frage dich, wo du mehr Zeit für Gott, für Gebet und für die Gemeinschaft mit anderen einplanen kannst.

Kapitel 5: Die Bergpredigt und Jesu Lehren

Die Menge folgt Jesus

Als Jesus sah, dass immer mehr Menschen ihm folgten, zog er sich auf einen Berg zurück. Viele Menschen aus Galiläa, aus dem Zehnstädtegebiet, Jerusalem, Judäa und von jenseits des Jordan folgten ihm. Sie hatten von seinen Wundern gehört und wollten seine Lehren hören. Jesus setzte sich, und seine Jünger kamen zu ihm. Da öffnete er seinen Mund und begann, die Menschen zu lehren.

Die Seligpreisungen

Jesus sprach: „Selig sind die Armen im Geist, denn ihrer ist das Himmelreich.
Selig sind die Trauernden, denn sie werden getröstet werden.
Selig sind die Sanftmütigen, denn sie werden das Erdreich besitzen.
Selig sind die, die hungern und dürsten nach Gerechtigkeit, denn sie werden satt werden.
Selig sind die Barmherzigen, denn sie werden Barmherzigkeit erlangen.
Selig sind die, die reinen Herzens sind, denn sie werden Gott schauen.
Selig sind die Friedensstifter, denn sie werden Kinder Gottes genannt werden.
Selig sind die, die um der Gerechtigkeit willen verfolgt werden, denn ihrer ist das Himmelreich."

Er sah in die Gesichter der Menge und sprach weiter: „Selig seid ihr, wenn man euch schmäht und verfolgt und euch alles Böse nachsagt, weil ihr mir nachfolgt. Freut euch und jubelt, denn euer Lohn im Himmel ist groß. So haben sie auch die Propheten vor euch verfolgt."

Das Salz der Erde und das Licht der Welt

Jesus blickte in die Augen seiner Jünger und sagte: „Ihr seid das Salz der Erde. Wenn das Salz aber seine Kraft verliert, womit soll es wieder salzig gemacht werden? Es ist zu nichts mehr nütze, als weggeworfen und von den Menschen zertreten zu werden."

Dann sprach er: „Ihr seid das Licht der Welt. Eine Stadt, die auf einem Berg liegt, kann nicht verborgen bleiben. Man zündet auch nicht ein Licht an und stellt es unter den Scheffel, sondern auf den Leuchter, damit es allen im Haus leuchtet. So soll euer Licht vor den Menschen leuchten, damit sie eure guten Werke sehen und euren Vater im Himmel preisen."

Von der Erfüllung des Gesetzes

Jesus fuhr fort: „Denkt nicht, ich sei gekommen, um das Gesetz oder die Propheten aufzuheben. Ich bin nicht gekommen, um aufzuheben, sondern um zu erfüllen. Denn wahrlich, ich sage euch: Bis Himmel und Erde vergehen, wird nicht der kleinste Buchstabe oder der kleinste Strich des Gesetzes vergehen, bis alles erfüllt ist. Wer daher eines der geringsten Gebote auflöst und die Menschen so lehrt, wird der Geringste im Himmelreich heißen. Wer aber die Gebote hält und lehrt, wird groß im Himmelreich sein."

Und Jesus ergänzte: „Wenn eure Gerechtigkeit die der Schriftgelehrten und Pharisäer nicht weit übertrifft, werdet ihr nicht in das Himmelreich kommen."

Vom Zorn und von der Versöhnung

Jesus lehrte weiter: „Ihr habt gehört, dass zu den Alten gesagt wurde: 'Du sollst nicht töten.' Wer aber jemanden tötet, wird dem Gericht verfallen. Ich aber sage euch: Jeder, der auf seinen Bruder zornig ist, wird dem Gericht verfallen. Und wer zu seinem Bruder sagt: 'Du Narr!' wird dem Feuer der Hölle verfallen."

„Wenn du deine Gabe zum Altar bringst und dort fällt dir ein, dass dein Bruder etwas gegen dich hat, so lass deine Gabe dort vor dem Altar liegen. Geh zuerst hin und versöhne dich mit deinem Bruder, dann komm und opfere deine Gabe."

Vom Vergelten

„Ihr habt gehört, dass gesagt wurde: 'Auge um Auge und Zahn um Zahn.' Ich aber sage euch: Widersteht nicht dem Bösen. Wenn dich jemand auf die rechte Wange schlägt, halte ihm auch die andere hin. Und wenn jemand mit dir vor Gericht gehen will, um dir dein Hemd zu nehmen, lass ihm auch den Mantel. Wenn dich jemand zwingt, eine Meile mit ihm zu gehen, geh mit ihm zwei."

„Gebt dem, der euch bittet, und wendet euch nicht ab von dem, der von euch borgen will."

Von der Feindesliebe

Jesus schloss diesen Teil seiner Lehre mit einer radikalen Botschaft: „Ihr habt gehört, dass gesagt wurde: 'Du sollst deinen Nächsten lieben und deinen Feind hassen.' Ich aber sage euch: Liebt eure Feinde und betet für die, die euch verfolgen, damit ihr Söhne eures Vaters im Himmel seid. Denn er lässt seine Sonne aufgehen über Böse und Gute, und er lässt regnen über Gerechte und Ungerechte. Wenn ihr nur die liebt, die euch lieben, welchen Lohn habt ihr dafür? Tun das nicht auch die Zöllner? Seid also vollkommen, wie euer Vater im Himmel vollkommen ist."

Das Ende der Bergpredigt

Nachdem Jesus diese Worte gesprochen hatte, waren die Menschen überwältigt von seiner Lehre. Er sprach mit einer Autorität, wie sie kein anderer Lehrer hatte. Seine Botschaft war nicht nur für die Juden, sondern auch für die Menschen außerhalb Israels bestimmt. Viele folgten ihm, und seine Worte begannen, die Welt zu verändern.

Fragen zur Selbsterforschung:

1. **Wie gehe ich mit den Lehren Jesu um, insbesondere den ethischen und moralischen Herausforderungen, die er aufwirft?**
   - Welche seiner Lehren finde ich besonders herausfordernd, und wie versuche ich, sie in meinem Leben umzusetzen?
2. **Inwiefern lebe ich die Prinzipien der Nächstenliebe und Vergebung, die Jesus in seinen Predigten betont?**
   - Gibt es Menschen in meinem Leben, denen ich schwer vergeben kann, oder Gelegenheiten, in denen ich Nächstenliebe nicht praktiziere?
3. **Wie höre ich auf die Stimme Gottes in meinem Alltag?**
   - Bin ich offen und aufmerksam genug, um Gottes Botschaften in meinem Leben zu erkennen und zu verstehen?
4. **Wie nutze ich Gleichnisse und Geschichten, um das Verständnis anderer über den Glauben zu fördern?**
   - Erzähle ich anderen von meinem Glauben in einer Weise, die für sie zugänglich und nachvollziehbar ist?
5. **Wie wirkt sich das Studium der Schrift auf mein Leben und meine Entscheidungen aus?**
   - Nutze ich die Bibel als Leitfaden für meine Entscheidungen und als Inspirationsquelle für meinen Alltag?

Vorschläge zur konkreten Umsetzung:

1. **Setze die Lehren Jesu aktiv in die Tat um.**
   - Wähle eine spezifische Lehre Jesu, die du in der kommenden Woche in deinem Alltag umsetzen möchtest, und halte dir dafür Zeit und Raum frei.

2. **Praktiziere Vergebung und Nächstenliebe.**
   - Nimm dir vor, einem Menschen, dem du noch nicht vergeben hast, oder einem Bedürftigen aktiv zu helfen. Plane, wie du diese Aktion konkret umsetzen kannst.
3. **Schaffe Momente der Stille und Reflexion.**
   - Nimm dir täglich Zeit, um in Stille zu beten oder zu meditieren. Sei offen für Gottes Führung und lasse die Lehren Jesu in dein Leben einfließen.
4. **Erzähle Geschichten und Gleichnisse.**
   - Teile in Gesprächen mit Freunden oder Familienmitgliedern Gleichnisse aus der Bibel oder persönliche Erfahrungen, die deine Glaubensreise geprägt haben.
5. **Integriere Bibelstudium in deinen Alltag.**
   - Setze dir das Ziel, regelmäßig in der Bibel zu lesen. Suche nach einer Bibelstudiengruppe oder einem Online-Kurs, um dich mit anderen auszutauschen und zu wachsen.

Kapitel 6: Die Wunder und Zeichen Jesu

Die Heilung des Aussätzigen

Als Jesus von der Bergpredigt herabstieg, folgte ihm eine große Menge. Da trat ein Aussätziger zu ihm, fiel vor ihm nieder und sprach: „Herr, wenn du willst, kannst du mich rein machen." Jesus streckte seine Hand aus, berührte ihn und sprach: „Ich will es, sei rein!" Im selben Augenblick verschwand der Aussatz, und der Mann war geheilt.

Jesus befahl ihm: „Sag es niemandem, sondern geh hin, zeige dich dem Priester und bringe das Opfer dar, das Mose befohlen hat, zum Zeugnis für sie." Doch die Nachricht von dieser Heilung verbreitete sich schnell, und viele Menschen kamen, um Jesus zu sehen und geheilt zu werden.

Die Heilung des Dieners des Hauptmanns

In Kafarnaum kam ein römischer Hauptmann zu Jesus und bat ihn um Hilfe. Der Hauptmann sagte: „Herr, mein Diener liegt zu Hause gelähmt und leidet schreckliche Schmerzen." Jesus antwortete ihm: „Ich will kommen und ihn heilen." Doch der Hauptmann erwiderte: „Herr, ich bin nicht würdig, dass du unter mein Dach kommst, aber sprich nur ein Wort, und mein Diener wird gesund. Denn auch ich bin ein Mann unter Befehl, und ich sage zu einem Soldaten: ‚Geh!', und er geht; und zu einem anderen: ‚Komm!', und er kommt."

Jesus war erstaunt über den Glauben des Hauptmanns und sprach zu seinen Jüngern: „Wahrlich, ich sage euch: Einen solchen Glauben habe ich in ganz Israel nicht gefunden. Viele werden von Osten und Westen kommen und mit Abraham, Isaak und Jakob im Himmelreich zu Tisch sitzen, aber die Söhne des Reiches werden hinausgeworfen werden in die Finsternis."

Zu dem Hauptmann sagte Jesus: „Geh, es soll geschehen, wie du geglaubt hast." Und zur selben Stunde wurde der Diener gesund.

Die Stillung des Sturms

Eines Abends, als Jesus mit seinen Jüngern in ein Boot stieg, um auf die andere Seite des Sees Genezareth zu fahren, erhob sich plötzlich ein heftiger Sturm. Die Wellen schlugen in das Boot, und die Jünger gerieten in Panik. Jesus jedoch schlief hinten im Boot.

Da weckten ihn die Jünger und riefen: „Herr, rette uns! Wir gehen zugrunde!" Jesus stand auf, gebot dem Wind und den Wellen und sprach: „Schweig, sei still!" Sofort legte sich der Sturm, und es wurde ganz ruhig.

Die Jünger waren erstaunt und sagten zueinander: „Wer ist dieser, dass ihm sogar der Wind und das Meer gehorchen?" Durch dieses Wunder erkannte sie noch deutlicher, dass Jesus Macht über die Naturgewalten hatte.

Die Heilung des Besessenen von Gerasa

Als Jesus und seine Jünger das andere Ufer des Sees erreichten, kamen sie in das Gebiet der Gerasener. Dort lief ihnen ein Mann entgegen, der von vielen Dämonen besessen war. Er lebte in den Grabhöhlen und war so stark, dass niemand ihn fesseln konnte, nicht einmal mit Ketten. Tag und Nacht schrie er und verletzte sich selbst mit Steinen.

Als er Jesus von weitem sah, rannte er auf ihn zu, fiel vor ihm nieder und schrie laut: „Was habe ich mit dir zu tun, Jesus, Sohn des höchsten Gottes? Quäle mich nicht!" Denn Jesus hatte dem unreinen Geist befohlen, aus dem Mann herauszufahren.

Jesus fragte ihn: „Wie heißt du?" Der Geist antwortete: „Mein Name ist Legion, denn wir sind viele." Die Dämonen baten Jesus, sie nicht aus der Gegend zu vertreiben, sondern in eine Herde Schweine zu schicken, die in der Nähe weidete. Jesus erlaubte es ihnen, und die Dämonen fuhren in die Schweine. Die ganze Herde stürzte sich daraufhin den Abhang hinunter in den See und ertrank.

Die Menschen, die das sahen, flohen in die Stadt und erzählten, was geschehen war. Als die Stadtbewohner kamen, fanden sie den ehemals Besessenen bekleidet und bei klarem Verstand zu Füßen Jesu sitzen. Doch sie fürchteten sich und baten Jesus, ihr Gebiet zu verlassen. Der geheilte Mann wollte mit Jesus ziehen, doch Jesus sprach zu ihm: „Geh nach Hause zu deinen Angehörigen und erzähle ihnen, was der Herr für dich getan hat.“ Der Mann ging fort und verkündete in der ganzen Gegend, wie Jesus ihn geheilt hatte.

Die Heilung der blutflüssigen Frau und die Auferweckung der Tochter des Jairus

Als Jesus wieder auf das andere Ufer des Sees zurückkehrte, wartete eine große Menge auf ihn. Da trat ein Synagogenvorsteher namens Jairus zu ihm, fiel ihm zu Füßen und bat: „Meine Tochter liegt im Sterben. Komm und lege deine Hand auf sie, damit sie gesund wird und lebt.“

Jesus ging mit ihm, doch auf dem Weg drängte sich die Menge um ihn. Eine Frau, die seit zwölf Jahren an Blutfluss litt und von vielen Ärzten keine Heilung erhalten hatte, schlich sich durch die Menge heran. Sie sagte sich: „Wenn ich nur sein Gewand berühre, werde ich geheilt.“ Sie berührte das Gewand Jesu, und im selben Moment spürte sie, dass sie geheilt war.

Jesus spürte, dass eine Kraft von ihm ausgegangen war, drehte sich um und fragte: „Wer hat mein Gewand berührt?“ Die Jünger wunderten sich und sagten: „Die Menge drängt sich um dich, und du fragst, wer dich berührt hat?“ Doch Jesus schaute umher, und die Frau, die wusste, was geschehen war, trat zitternd vor und fiel vor ihm nieder.

Jesus sprach zu ihr: „Tochter, dein Glaube hat dich geheilt. Geh in Frieden und sei von deinem Leiden befreit.“

Inzwischen kamen Boten aus dem Haus des Jairus und sagten: „Deine Tochter ist gestorben. Bemühe den Lehrer nicht weiter.“ Doch Jesus sprach zu Jairus: „Fürchte dich nicht, glaube nur!“ Er ging ins Haus, nahm nur Petrus, Jakobus und

Johannes mit sich und ließ alle anderen draußen. Er nahm das Kind bei der Hand und sagte: „Talitha kum!", was bedeutet: „Mädchen, ich sage dir, steh auf!" Da stand das Mädchen auf und ging umher. Alle waren außer sich vor Staunen, doch Jesus befahl ihnen, niemandem davon zu erzählen und dem Mädchen etwas zu essen zu geben.

Fragen zur Selbsterforschung:

1. **Was bedeuten die Wunder und Heilungen Jesu für meinen Glauben?**
   - Glaubst du, dass Gott auch heute noch Wunder tut, und wie erlebst du seine Gegenwart in deinem Leben?
2. **Wie gehe ich mit meinen eigenen Schwierigkeiten und Leiden um?**
   - Habe ich Vertrauen, dass Gott mich in meinen Herausforderungen begleiten kann? Welche Rolle spielt Gebet in schwierigen Zeiten für mich?
3. **Wie sehe ich die Bedürfnisse anderer, und bin ich bereit, zu helfen, so wie Jesus es getan hat?**
   - Sehe ich die Not um mich herum und handle ich, um anderen in ihrer Not beizustehen?
4. **Wie gehe ich mit Zweifeln um, wenn ich kein Wunder erlebe oder nicht so schnell, wie ich es mir wünsche?**
   - Wie reagiere ich auf das Gefühl, dass meine Gebete nicht beantwortet werden? Welche Strategien nutze ich, um im Glauben standhaft zu bleiben?
5. **Welches Wunder oder welche Heilung in meinem Leben könnte ich als Zeugnis für andere teilen?**
   - Welche Erfahrungen haben meinen Glauben gestärkt und könnten anderen Mut machen, ihre eigenen Herausforderungen zu bewältigen?

Vorschläge zur konkreten Umsetzung:

1. **Reflektiere über Wunder in deinem Leben.**
   - Schreibe eine Liste von Erfahrungen oder Situationen auf, die du als Wunder oder Heilungen betrachtest, und danke Gott für seine Gegenwart in deinem Leben.
2. **Praktiziere Gebet und Achtsamkeit in schwierigen Zeiten.**
   - Nimm dir Zeit für tägliches Gebet, in dem du deine Sorgen und Herausforderungen vor Gott bringst. Lerne, geduldig zu sein, während du auf Antworten wartest.
3. **Engagiere dich aktiv in der Unterstützung anderer.**
   - Suche nach Möglichkeiten, anderen in Not zu helfen, sei es durch Freiwilligenarbeit, das Anbieten von Hilfe oder das Bereitstellen von Ressourcen.
4. **Teile deine Zweifel und Ängste mit vertrauenswürdigen Menschen.**
   - Sprich mit Freunden oder Familienmitgliedern über deine Zweifel und Ängste, und bete mit ihnen, um Unterstützung und Ermutigung zu erhalten.
5. **Erzähle von deinen Erfahrungen.**
   - Teile in deinem Freundes- und Familienkreis deine persönlichen Zeugnisse über Glaubenserfahrungen, in denen du Gottes Eingreifen erlebt hast, und ermutige andere, ihre Geschichten zu teilen.

Kapitel 7: Die Speisung der Fünftausend und weitere Lehren

Die Speisung der Fünftausend

Jesus zog mit seinen Jüngern in eine einsame Gegend am Ufer des Sees Genezareth. Doch die Menschen, die von seinen Wundern gehört hatten, folgten ihm zu Fuß aus den umliegenden Städten. Als Jesus die große Menge sah, hatte er Mitleid mit ihnen, denn sie waren wie Schafe ohne Hirten. Er begann, sie zu lehren und heilte die Kranken unter ihnen.

Als der Tag zu Ende ging, traten die Jünger zu Jesus und sagten: „Der Ort ist abgelegen, und die Stunde ist schon spät. Schick die Menschen weg, damit sie in die Dörfer gehen und sich etwas zu essen kaufen.“ Doch Jesus antwortete: „Gebt ihr ihnen zu essen.“ Die Jünger erwiderten: „Wir haben nur fünf Brote und zwei Fische. Was ist das schon für so viele?“

Jesus ließ die Menschen sich auf dem Gras niederlassen, in Gruppen zu je hundert und fünfzig. Er nahm die fünf Brote und die zwei Fische, blickte zum Himmel, dankte Gott, brach die Brote und gab sie den Jüngern, die sie an die Menge verteilten. Auch die Fische teilte er unter die Menschen auf. Alle aßen und wurden satt. Danach sammelten die Jünger die übrig gebliebenen Brotstücke ein und füllten zwölf Körbe damit. Die Zahl der Männer, die gegessen hatten, betrug etwa fünftausend, dazu noch Frauen und Kinder.

Jesus geht auf dem Wasser

Nach der Speisung der Fünftausend schickte Jesus seine Jünger voraus, damit sie mit dem Boot auf die andere Seite des Sees fahren, während er die Menge entließ. Danach stieg er auf einen Berg, um zu beten. Als es Nacht wurde, war das Boot weit draußen auf dem See, und ein starker Wind kam auf, sodass die Wellen gegen das Boot schlugen.

Gegen die vierte Nachtwache, als die Jünger mühsam gegen den Wind ruderten, sahen sie plötzlich eine Gestalt auf dem

Wasser gehen. Sie gerieten in Panik und riefen: „Es ist ein Gespenst!" Doch Jesus sprach zu ihnen: „Habt Vertrauen, ich bin es; fürchtet euch nicht!"

Petrus antwortete: „Herr, wenn du es bist, so befiehl mir, auf dem Wasser zu dir zu kommen." Jesus sagte: „Komm!" Petrus stieg aus dem Boot und ging auf dem Wasser zu Jesus. Doch als er den starken Wind bemerkte, bekam er Angst und begann zu sinken. Er schrie: „Herr, rette mich!" Jesus streckte sofort seine Hand aus, ergriff ihn und sprach: „Du Kleingläubiger, warum hast du gezweifelt?"

Als sie ins Boot stiegen, legte sich der Wind, und die Jünger fielen vor Jesus nieder und sagten: „Wahrhaftig, du bist Gottes Sohn!"

Die Lehre vom Brot des Lebens

Am nächsten Tag suchte die Menge, die von der Speisung der Fünftausend wusste, nach Jesus. Sie fanden ihn in Kafarnaum und fragten: „Rabbi, wann bist du hierhergekommen?" Jesus antwortete ihnen: „Wahrlich, wahrlich, ich sage euch: Ihr sucht mich nicht, weil ihr Zeichen gesehen habt, sondern weil ihr von den Broten gegessen habt und satt geworden seid. Arbeitet nicht für die Speise, die vergänglich ist, sondern für die Speise, die in das ewige Leben bleibt, die der Menschensohn euch geben wird. Denn auf ihm liegt das Siegel Gottes."

Die Leute fragten: „Was sollen wir tun, um die Werke Gottes zu vollbringen?" Jesus antwortete: „Das ist das Werk Gottes, dass ihr an den glaubt, den er gesandt hat."

Sie forderten: „Welches Zeichen tust du, damit wir sehen und dir glauben? Unsere Väter aßen das Manna in der Wüste, wie geschrieben steht: ‚Er gab ihnen Brot vom Himmel zu essen.'"

Jesus sprach zu ihnen: „Wahrlich, wahrlich, ich sage euch: Nicht Mose hat euch das Brot vom Himmel gegeben, sondern mein Vater gibt euch das wahre Brot vom Himmel. Denn das Brot Gottes ist das, das vom Himmel kommt und der Welt das Leben gibt."

Da baten sie: „Herr, gib uns allezeit dieses Brot.“ Jesus antwortete: „Ich bin das Brot des Lebens. Wer zu mir kommt, wird nicht hungern, und wer an mich glaubt, wird niemals mehr dürsten. Aber ich habe es euch gesagt: Ihr habt mich gesehen, und doch glaubt ihr nicht.“

Die Auseinandersetzung und das Verlassen vieler Jünger

Jesus sprach weiter zu der Menge: „Ich bin das lebendige Brot, das vom Himmel gekommen ist. Wenn jemand von diesem Brot isst, wird er leben in Ewigkeit. Das Brot, das ich geben werde, ist mein Fleisch für das Leben der Welt.“ Die Leute begannen zu streiten und sagten: „Wie kann er uns sein Fleisch zu essen geben?“

Jesus antwortete: „Wahrlich, wahrlich, ich sage euch: Wenn ihr das Fleisch des Menschensohnes nicht esst und sein Blut nicht trinkt, habt ihr kein Leben in euch. Wer mein Fleisch isst und mein Blut trinkt, hat ewiges Leben, und ich werde ihn am letzten Tag auferwecken. Denn mein Fleisch ist wahre Speise, und mein Blut ist wahrer Trank. Wer mein Fleisch isst und mein Blut trinkt, bleibt in mir und ich in ihm.“

Viele seiner Jünger sagten: „Das ist eine harte Rede. Wer kann das hören?“ Von da an wandten sich viele von ihm ab und folgten ihm nicht mehr. Jesus fragte die Zwölf: „Wollt ihr auch weggehen?“ Da antwortete Simon Petrus: „Herr, zu wem sollen wir gehen? Du hast Worte des ewigen Lebens, und wir haben geglaubt und erkannt, dass du der Heilige Gottes bist.“

Fragen zur Selbsterforschung:

1. **Wie lebe ich die Seligpreisungen, die Jesus in der Bergpredigt verkündet hat?**
    - In welchen Aspekten meines Lebens erlebe ich Demut, Barmherzigkeit und Frieden, und wie kann ich diese Werte weiter vertiefen?

2. **Wie gehe ich mit Konflikten und Feindschaft um?**
   - Welche Strategien habe ich, um in schwierigen Beziehungen Liebe und Versöhnung zu fördern, anstatt mich von Wut oder Groll leiten zu lassen?
3. **Was bedeutet es für mich, „mein Licht leuchten zu lassen"?**
   - Wie kann ich in meinem Umfeld durch meine Taten und Worte positiv wirken und andere inspirieren?
4. **Wie gut bin ich darin, meine eigenen Schwächen und Fehler zu erkennen, während ich die Fehler anderer beurteile?**
   - In welchen Situationen neige ich dazu, schnell zu urteilen? Wie kann ich lernen, mit mehr Mitgefühl und Verständnis zu reagieren?
5. **Wie beeinflusst das Streben nach Gerechtigkeit mein tägliches Leben?**
   - Setze ich mich aktiv für Gerechtigkeit und Nächstenliebe in meiner Gemeinschaft ein, und wie kann ich dies weiter fördern?

Vorschläge zur konkreten Umsetzung:

1. **Praktiziere Demut und Barmherzigkeit.**
   - Überlege dir eine konkrete Handlung, um jemandem in Not zu helfen oder um Vergebung zu bitten, und setze dies um.
2. **Fördere Frieden in Konflikten.**
   - Suche aktiv nach Möglichkeiten, in Konflikten in deinem Leben Versöhnung zu schaffen. Mache den ersten Schritt, um das Gespräch zu suchen und Missverständnisse auszuräumen.
3. **Lass dein Licht leuchten.**
   - Setze dir ein Ziel, wie du deine positiven Eigenschaften und deinen Glauben in deinem Alltag sichtbar machen kannst, sei es durch Freundlichkeit, Hilfe oder Ermutigung.

4. **Übe Mitgefühl und Selbstreflexion.**
    - Bevor du über andere urteilst, halte inne und frage dich, wie du selbst in ähnlichen Situationen handeln würdest. Suche nach Wegen, Mitgefühl zu zeigen.
5. **Engagiere dich für soziale Gerechtigkeit.**
    - Informiere dich über soziale Themen in deiner Gemeinde oder deinem Land und überlege, wie du dich aktiv für Veränderungen einsetzen kannst, sei es durch Freiwilligenarbeit, Spenden oder das Teilen von Informationen.

Kapitel 8: Offenbarung der Herrlichkeit und Vorbereitung auf das Leiden

Die Verklärung Jesu

Sechs Tage nach der Speisung der Fünftausend und den darauffolgenden Lehren nahm Jesus Petrus, Jakobus und Johannes mit auf einen hohen Berg, um dort allein zu beten. Während sie dort waren, wurde Jesus vor ihren Augen verwandelt. Sein Gesicht leuchtete wie die Sonne, und seine Kleider wurden blendend weiß wie das Licht. Plötzlich erschienen Mose und Elija, die mit ihm sprachen.

Petrus, überwältigt von dem Anblick, sagte zu Jesus: „Herr, es ist gut, dass wir hier sind. Wenn du willst, werde ich drei Hütten bauen: eine für dich, eine für Mose und eine für Elija."

Während er noch sprach, kam eine leuchtende Wolke und überschattete sie, und aus der Wolke ertönte eine Stimme, die sagte: „Dies ist mein geliebter Sohn, an dem ich Wohlgefallen habe. Auf ihn sollt ihr hören!" Als die Jünger dies hörten, fielen sie vor Angst zu Boden. Doch Jesus trat zu ihnen, berührte sie und sprach: „Steht auf und fürchtet euch nicht!" Als sie aufblickten, sahen sie nur noch Jesus allein.

Als sie den Berg hinunterstiegen, gebot Jesus ihnen: „Erzählt niemandem von dem, was ihr gesehen habt, bis der Menschensohn von den Toten auferstanden ist." Die Jünger fragten ihn: „Warum sagen die Schriftgelehrten, dass Elija zuerst kommen muss?" Jesus antwortete: „Elija kommt tatsächlich und wird alles wiederherstellen. Aber ich sage euch: Elija ist schon gekommen, und sie haben ihn nicht erkannt, sondern mit ihm getan, was sie wollten. Ebenso wird auch der Menschensohn durch sie leiden."

Da verstanden die Jünger, dass er von Johannes dem Täufer sprach.

Die Heilung eines besessenen Jungen

Als Jesus und die drei Jünger wieder zu den anderen zurückkehrten, sahen sie eine große Menge um sie versammelt und Schriftgelehrte, die mit ihnen stritten. Ein Mann aus der Menge trat zu Jesus und rief: „Herr, erbarme dich über meinen Sohn! Er ist mondsüchtig und leidet schwer. Oft fällt er ins Feuer oder ins Wasser. Ich habe deine Jünger gebeten, ihn zu heilen, aber sie konnten es nicht."

Jesus antwortete: „O du ungläubige und verkehrte Generation! Wie lange soll ich noch bei euch sein? Wie lange soll ich euch noch ertragen? Bringt den Jungen zu mir!" Als der Junge zu Jesus gebracht wurde, warf ihn der Dämon sogleich zu Boden, und er wälzte sich und schäumte.

Jesus befahl dem unreinen Geist, aus dem Jungen auszufahren, und der Dämon verließ ihn. Der Junge war geheilt, und alle waren erstaunt über die Macht Gottes. Später fragten die Jünger Jesus, als sie allein waren: „Warum konnten wir ihn nicht austreiben?" Jesus antwortete: „Wegen eures Kleinglaubens. Denn wahrlich, ich sage euch: Wenn ihr Glauben habt wie ein Senfkorn, könnt ihr zu diesem Berg sagen: ‚Heb dich hinweg von hier!' und er wird sich heben. Nichts wird euch unmöglich sein. Diese Art aber fährt nur durch Gebet und Fasten aus."

Die zweite Ankündigung des Leidens und der Auferstehung

Während Jesus mit seinen Jüngern durch Galiläa zog, sprach er wieder zu ihnen über sein bevorstehendes Leiden: „Der Menschensohn wird in die Hände der Menschen ausgeliefert werden, und sie werden ihn töten. Doch am dritten Tag wird er auferstehen." Die Jünger verstanden seine Worte nicht, und sie fürchteten sich, ihn weiter zu fragen.

Die Frage nach der Größe im Himmelreich

Als sie nach Kafarnaum kamen, fragten die Jünger untereinander: „Wer ist wohl der Größte im Himmelreich?" Jesus, der wusste, was in ihren Herzen vorging, setzte sich hin, rief ein

Kind zu sich und stellte es in ihre Mitte. Dann sagte er: „Wahrlich, ich sage euch: Wenn ihr nicht umkehrt und werdet wie die Kinder, werdet ihr nicht in das Himmelreich hineinkommen. Wer sich selbst erniedrigt wie dieses Kind, der ist der Größte im Himmelreich. Und wer ein solches Kind in meinem Namen aufnimmt, nimmt mich auf."

Jesus warnte weiter: „Wer aber eines dieser Kleinen, die an mich glauben, zu Fall bringt, für den wäre es besser, mit einem Mühlstein um den Hals ins Meer geworfen zu werden. Wehe der Welt wegen der Verführungen! Es muss Verführungen geben, doch wehe dem Menschen, durch den sie kommen!"

Die Vergebung und die Macht der Gemeinschaft

Petrus trat zu Jesus und fragte: „Herr, wie oft muss ich meinem Bruder vergeben, wenn er gegen mich sündigt? Reicht es, siebenmal zu vergeben?" Jesus antwortete ihm: „Nicht siebenmal, sondern siebzigmal siebenmal sollst du vergeben. Denn das Himmelreich gleicht einem König, der mit seinen Dienern abrechnen wollte. Einer von ihnen schuldete ihm zehntausend Talente. Da er die Schuld nicht zurückzahlen konnte, befahl der König, ihn und seine Familie zu verkaufen, um die Schuld zu begleichen. Doch der Diener fiel nieder und bat: ‚Hab Geduld mit mir, und ich werde alles zurückzahlen.' Der König hatte Mitleid, erließ ihm die Schuld und ließ ihn frei.

Doch derselbe Diener ging hinaus und fand einen Mitknecht, der ihm hundert Denare schuldete. Er packte ihn und würgte ihn, indem er sagte: ‚Bezahl, was du mir schuldest!' Der Mitknecht fiel vor ihm nieder und bat: ‚Hab Geduld mit mir, und ich werde es dir zurückzahlen.' Doch der erste Diener ließ ihn ins Gefängnis werfen, bis die Schuld bezahlt sei. Als der König davon hörte, ließ er den Diener rufen und sprach: ‚Du böser Knecht! Ich habe dir die ganze Schuld erlassen, weil du mich gebeten hast. Hättest du nicht auch Erbarmen mit deinem Mitknecht haben sollen?'
So wird auch mein himmlischer Vater jedem von euch tun, wenn ihr eurem Bruder nicht von Herzen vergebt."

Fragen zur Selbsterforschung:

1. **Wie verstehe ich die Botschaften der Gleichnisse Jesu in meinem eigenen Leben?**
   - Gibt es spezifische Gleichnisse, die mich besonders ansprechen oder herausfordern, und warum ist das so?
2. **Wie gehe ich mit meinen eigenen Fehlern und Schwächen um, so wie die Protagonisten in den Gleichnissen?**
   - Welche Lektionen kann ich aus den Fehlern anderer lernen und wie kann ich meine eigenen Schwächen besser annehmen?
3. **Inwieweit erkenne ich das Reich Gottes in meinem Alltag?**
   - Wo sehe ich die Anzeichen von Gottes Reich in meinem Leben, in meiner Gemeinde oder in der Welt um mich herum?
4. **Wie teile ich die Botschaft des Evangeliums mit anderen, so wie Jesus es in seinen Gleichnissen tat?**
   - Welche Methoden oder Ansätze nutze ich, um Glaubensinhalte verständlich und ansprechend zu vermitteln?
5. **Wie reagiere ich auf Herausforderungen und Versuchungen in meinem Leben, ähnlich wie die Figuren in den Gleichnissen?**
   - Was tue ich, wenn ich mich in schwierigen Situationen wiederfinde, und wie kann ich mehr auf Gottes Führung vertrauen?

Vorschläge zur konkreten Umsetzung:

1. **Studie und Reflektion über Gleichnisse.**
   - Nimm dir Zeit, verschiedene Gleichnisse zu lesen und darüber nachzudenken, welche Botschaften und Prinzipien für dich relevant sind. Schreibe deine Gedanken dazu auf.

2. **Lerne aus Fehlern und Schwächen.**
    - Erstelle eine Liste von Herausforderungen, mit denen du konfrontiert bist, und reflektiere darüber, wie du aus ihnen lernen kannst. Setze dir konkrete Ziele zur Verbesserung.
3. **Erkenne das Wirken Gottes.**
    - Achte im Alltag auf die kleinen Segnungen und Zeichen Gottes. Halte inne, um dankbar für die Dinge zu sein, die Gottes Reich in deinem Leben widerspiegeln.
4. **Finde Wege, das Evangelium zu teilen.**
    - Überlege dir, wie du in deinem Alltag von deinem Glauben erzählen kannst. Das kann in persönlichen Gesprächen, durch soziale Medien oder durch ehrenamtliche Tätigkeiten geschehen.
5. **Vertraue auf Gottes Führung in Schwierigkeiten.**
    - Wenn du in einer herausfordernden Situation bist, wende dich im Gebet an Gott und bitte um Weisheit und Kraft. Schreibe deine Gedanken auf und reflektiere, wie du in der Vergangenheit ähnliche Herausforderungen gemeistert hast.

Kapitel 9: Jesu Einzug in Jerusalem und die Tempelreinigung

Der Einzug in Jerusalem

Als Jesus und seine Jünger sich Jerusalem näherten, kamen sie nach Bethphage am Ölberg. Jesus sandte zwei seiner Jünger voraus und sprach: „Geht in das Dorf, das vor euch liegt. Dort werdet ihr eine Eselin angebunden finden und ein Fohlen bei ihr. Bindet sie los und bringt sie zu mir. Und wenn jemand euch etwas sagt, dann antwortet: ‚Der Herr braucht sie, aber er wird sie bald zurückschicken.'"

Dies geschah, damit erfüllt werde, was durch den Propheten gesagt ist: „Sagt der Tochter Zion: Siehe, dein König kommt zu dir, demütig und reitet auf einem Esel, auf einem Fohlen, dem Jungen eines Lasttiers."

Die Jünger gingen hin und taten, wie Jesus ihnen aufgetragen hatte. Sie brachten die Eselin und das Fohlen, legten ihre Kleider auf sie, und Jesus setzte sich darauf. Eine sehr große Menge breitete ihre Kleider auf den Weg aus, andere schnitten Zweige von den Bäumen und streuten sie auf den Weg. Die Menschenmenge, die vorausging und die ihm folgte, rief: „Hosanna dem Sohn Davids! Gesegnet sei der, der kommt im Namen des Herrn! Hosanna in der Höhe!"

Als Jesus in Jerusalem einzog, geriet die ganze Stadt in Aufruhr, und die Leute fragten: „Wer ist dieser?" Die Menge antwortete: „Das ist Jesus, der Prophet aus Nazareth in Galiläa."

Die Tempelreinigung

Jesus ging in den Tempel und begann, alle hinauszutreiben, die dort kauften und verkauften. Er stieß die Tische der Geldwechsler um und die Stände der Taubenhändler. Er sprach zu ihnen: „Es steht geschrieben: ‚Mein Haus soll ein Haus des Gebets genannt werden.' Ihr aber macht es zu einer Räuberhöhle!"

Die Blinden und die Lahmen kamen zu ihm im Tempel, und er heilte sie. Doch als die Hohenpriester und Schriftgelehrten die wunderbaren Taten sahen und die Kinder im Tempel rufen hörten: „Hosanna dem Sohn Davids!", wurden sie zornig. Sie sprachen zu Jesus: „Hörst du, was diese sagen?" Jesus antwortete: „Ja, habt ihr nie gelesen: ‚Aus dem Munde der Kinder und Säuglinge hast du dir Lob bereitet'?"

Dann verließ er die Stadt und ging nach Bethanien, wo er die Nacht verbrachte.

Der verdorrte Feigenbaum

Am nächsten Morgen, als Jesus nach Jerusalem zurückkehrte, verspürte er Hunger. Er sah einen Feigenbaum am Weg stehen, ging zu ihm hin, fand aber nichts daran als nur Blätter. Da sprach er zu dem Baum: „Nie mehr sollst du Frucht tragen in Ewigkeit!" Und sogleich verdorrte der Feigenbaum.

Als die Jünger dies sahen, wunderten sie sich und fragten: „Wie konnte der Feigenbaum so schnell verdorren?" Jesus antwortete ihnen: „Wahrlich, ich sage euch: Wenn ihr Glauben habt und nicht zweifelt, werdet ihr nicht nur tun, was mit dem Feigenbaum geschehen ist, sondern ihr werdet auch zu diesem Berg sagen: ‚Heb dich empor und wirf dich ins Meer!' und es wird geschehen. Und alles, was ihr im Gebet erbittet, glaubt nur, dass ihr es empfangen habt, dann wird es euch zuteil."

Die Frage nach der Vollmacht Jesu

Als Jesus wieder in den Tempel ging und lehrte, kamen die Hohenpriester und die Ältesten des Volkes zu ihm und fragten: „Mit welcher Vollmacht tust du diese Dinge? Und wer hat dir diese Vollmacht gegeben?" Jesus antwortete ihnen: „Auch ich will euch eine Frage stellen. Wenn ihr mir antwortet, werde ich euch sagen, mit welcher Vollmacht ich dies tue: Die Taufe des Johannes – woher war sie? Vom Himmel oder von den Menschen?"

Sie überlegten miteinander und sprachen: „Wenn wir sagen: ‚Vom Himmel', wird er uns fragen: ‚Warum habt ihr ihm dann nicht geglaubt?' Wenn wir aber sagen: ‚Von den Menschen', müssen wir das Volk fürchten, denn alle halten Johannes für einen Propheten." Schließlich antworteten sie Jesus: „Wir wissen es nicht." Da sprach Jesus zu ihnen: „So sage ich euch auch nicht, mit welcher Vollmacht ich dies tue."

Das Gleichnis von den ungehorsamen Söhnen

Jesus sprach weiter zu ihnen: „Was meint ihr? Ein Mann hatte zwei Söhne. Er ging zum ersten und sagte: ‚Mein Sohn, geh heute und arbeite im Weinberg.' Der Sohn antwortete: ‚Ich will nicht!' Doch später bereute er es und ging. Der Vater ging auch zum zweiten Sohn und sagte dasselbe. Dieser antwortete: ‚Ja, Herr!', aber er ging nicht. Wer von den beiden hat den Willen des Vaters erfüllt?" Sie antworteten: „Der erste." Da sprach Jesus zu ihnen: „Wahrlich, ich sage euch: Die Zöllner und die Huren werden eher ins Reich Gottes eingehen als ihr. Denn Johannes kam zu euch auf dem Weg der Gerechtigkeit, und ihr habt ihm nicht geglaubt. Aber die Zöllner und die Huren haben ihm geglaubt. Und obwohl ihr das gesehen habt, habt ihr später nicht bereut und ihm nicht geglaubt."

Fragen zur Selbsterforschung:

1. **Wie erlebe ich Gottes Versorgung in meinem eigenen Leben?**
    - Gibt es spezifische Situationen, in denen ich Gottes Fürsorge und Versorgung erlebt habe, auch in Zeiten der Not?
2. **Wie gehe ich mit Mangel oder Unsicherheit in meinem Leben um?**
    - Welche Strategien habe ich, um mit schwierigen finanziellen oder emotionalen Situationen umzugehen, und wo kann ich mein Vertrauen in Gott stärken?

3. **Wie teile ich meine Ressourcen mit anderen?**
    - Bin ich bereit, das, was ich habe, mit Menschen in Not zu teilen, und wie kann ich dies aktiv tun?
4. **Wie kann ich in meinem Alltag auf die Bedürfnisse anderer eingehen?**
    - Welche Möglichkeiten habe ich, um anderen in meiner Gemeinschaft zu helfen, und wie kann ich das bewusster umsetzen?
5. **Wie vertraue ich auf Gott, wenn ich auf seine Hilfe warte?**
    - Wie gehe ich mit der Geduld um, die notwendig ist, wenn ich auf Antworten oder Lösungen für meine Probleme warte?

Vorschläge zur konkreten Umsetzung:

1. **Reflektiere über Gottes Versorgung.**
    - Halte ein Dankbarkeitstagebuch, in dem du Momente festhältst, in denen du Gottes Versorgung und Hilfe erfahren hast. Schreibe auf, wie du in schwierigen Zeiten gestärkt wurdest.
2. **Stelle dein Vertrauen in Gott unter Beweis.**
    - Setze dir ein Ziel, um in einer unsicheren Situation aktiv auf Gott zu vertrauen. Dies könnte z. B. das Gebet um Führung bei finanziellen Entscheidungen sein oder das Suchen nach Unterstützung in der Gemeinschaft.
3. **Teile aktiv deine Ressourcen.**
    - Überlege dir, wie du monatlich eine Spende an eine gemeinnützige Organisation oder an Menschen in deiner Umgebung leisten kannst. Plane auch Zeit für Freiwilligenarbeit ein.
4. **Achte auf die Bedürfnisse anderer.**
    - Sei in deinem Alltag achtsam gegenüber den Bedürfnissen anderer. Frage aktiv nach, ob jemand Hilfe benötigt, und sei bereit, Zeit und Energie zu investieren, um zu helfen.

5. **Übe Geduld im Glauben.**
    - Wenn du auf eine Antwort oder Lösung wartest, nimm dir Zeit für Gebet und stille Reflexion. Erinnere dich daran, dass Gottes Zeitplan anders sein kann und übe dich darin, Vertrauen zu haben.

Kapitel 10: Die Gleichnisse und der Streit mit den Pharisäern

Das Gleichnis von den bösen Weingärtnern

Jesus begann erneut in Gleichnissen zu den Menschen und den führenden Priestern zu sprechen: „Es war ein Hausherr, der einen Weinberg anlegte. Er umgab ihn mit einem Zaun, grub eine Kelter darin und baute einen Turm. Dann verpachtete er den Weinberg an Weingärtner und zog in ein fernes Land. Als die Zeit der Ernte nahte, schickte er seine Knechte zu den Weingärtnern, um seine Früchte zu holen. Doch die Weingärtner ergriffen die Knechte, einen schlugen sie, einen anderen töteten sie, und einen dritten steinigten sie. Der Hausherr schickte noch mehr Knechte, doch mit denen machten sie es genauso.

Schließlich schickte er seinen Sohn zu ihnen, weil er dachte: ‚Vor meinem Sohn werden sie Achtung haben.' Als die Weingärtner den Sohn sahen, sagten sie zueinander: ‚Das ist der Erbe. Kommt, lasst uns ihn töten und sein Erbe in Besitz nehmen.' So ergriffen sie ihn, warfen ihn aus dem Weinberg hinaus und töteten ihn."

Jesus fragte seine Zuhörer: „Was wird der Herr des Weinbergs mit diesen Weingärtnern tun, wenn er kommt?" Die Leute antworteten: „Er wird die bösen Männer auf schlimme Weise umbringen und den Weinberg anderen Weingärtnern geben, die ihm die Früchte zur rechten Zeit abliefern."

Jesus sprach zu ihnen: „Habt ihr nie in den Schriften gelesen: ‚Der Stein, den die Bauleute verworfen haben, ist zum Eckstein geworden; das ist vom Herrn geschehen, und es ist wunderbar in unseren Augen'? Darum sage ich euch: Das Reich Gottes wird euch genommen und einem Volk gegeben werden, das die Früchte des Reiches bringt. Wer auf diesen Stein fällt, wird zerschmettert werden, und auf wen er fällt, den wird er zermalmen."

Als die Hohenpriester und die Pharisäer seine Gleichnisse hörten, merkten sie, dass er von ihnen sprach. Sie wollten ihn ergreifen, aber sie fürchteten die Menge, weil diese ihn für einen Propheten hielt.

Die Frage nach der Steuer

Die Pharisäer beschlossen, Jesus eine Falle zu stellen, und schickten einige ihrer Jünger zusammen mit den Anhängern des Herodes zu ihm. Sie sagten: „Meister, wir wissen, dass du wahrhaftig bist und den Weg Gottes lehrst, ohne auf die Meinung der Menschen Rücksicht zu nehmen. Darum sage uns: Ist es erlaubt, dem Kaiser Steuern zu zahlen oder nicht?"

Jesus durchschaute ihre Bosheit und sprach: „Warum versucht ihr mich, ihr Heuchler? Zeigt mir die Münze, mit der ihr die Steuer bezahlt!" Sie brachten ihm einen Denar. Er fragte sie: „Wessen Bild und Aufschrift ist darauf?" Sie antworteten: „Des Kaisers." Da sagte Jesus zu ihnen: „Gebt dem Kaiser, was des Kaisers ist, und Gott, was Gottes ist." Als sie das hörten, staunten sie, ließen ihn stehen und gingen weg.

Die Frage nach der Auferstehung

Am selben Tag kamen die Sadduzäer zu ihm, die leugnen, dass es eine Auferstehung gibt. Sie fragten ihn: „Meister, Mose hat gesagt: Wenn ein Mann kinderlos stirbt, soll sein Bruder die Witwe heiraten, um seinem Bruder Nachkommen zu schaffen. Nun waren da bei uns sieben Brüder. Der erste heiratete und starb, und weil er keine Kinder hatte, hinterließ er seine Frau seinem Bruder. Ebenso der zweite, der dritte und so fort bis zum siebten. Zuletzt starb auch die Frau. Wessen Frau wird sie nun bei der Auferstehung sein? Denn alle sieben haben sie zur Frau gehabt."

Jesus antwortete ihnen: „Ihr irrt, weil ihr weder die Schriften noch die Macht Gottes kennt. Denn nach der Auferstehung heiraten die Menschen nicht mehr, sondern sind wie die Engel im Himmel. Was aber die Auferstehung der Toten betrifft, habt ihr nicht gelesen, was Gott zu euch gesagt hat: ‚Ich bin der Gott Abrahams, der Gott Isaaks und der Gott Jakobs'? Er ist nicht ein Gott der Toten, sondern der Lebenden."

Als die Menge dies hörte, war sie über seine Lehre erstaunt.

Das höchste Gebot

Als die Pharisäer hörten, dass Jesus die Sadduzäer zum Schweigen gebracht hatte, versammelten sie sich. Einer von ihnen, ein Schriftgelehrter, fragte ihn, um ihn auf die Probe zu stellen: „Meister, welches ist das größte Gebot im Gesetz?" Jesus antwortete: „‚Du sollst den Herrn, deinen Gott, lieben mit ganzem Herzen, mit ganzer Seele und mit all deinem Verstand.' Das ist das größte und erste Gebot. Das zweite aber ist ihm gleich: ‚Du sollst deinen Nächsten lieben wie dich selbst.' An diesen beiden Geboten hängt das ganze Gesetz und die Propheten."

Die Warnung vor den Pharisäern

Dann sprach Jesus zu der Menge und zu seinen Jüngern: „Die Schriftgelehrten und Pharisäer haben sich auf den Stuhl des Mose gesetzt. Alles, was sie euch sagen, das tut und haltet; aber nach ihren Werken sollt ihr nicht tun. Denn sie sagen es, tun es aber nicht. Sie binden schwere Lasten zusammen und legen sie den Menschen auf die Schultern, aber sie selbst wollen keinen Finger rühren, um sie zu bewegen.

Alle ihre Werke tun sie, um von den Menschen gesehen zu werden. Sie machen ihre Gebetsriemen breit und die Quasten an ihren Gewändern groß. Sie lieben den obersten Platz bei den Festmählern und die Ehrenplätze in den Synagogen. Sie lassen sich auf den Märkten gerne grüßen und von den Menschen Rabbi nennen.

Ihr aber sollt euch nicht Rabbi nennen lassen; denn einer ist euer Lehrer, ihr alle aber seid Brüder. Und nennt niemanden auf Erden euren Vater; denn einer ist euer Vater, der im Himmel. Lasst euch auch nicht Lehrer nennen; denn nur einer ist euer Lehrer, der Christus. Der Größte unter euch soll euer Diener sein. Wer sich selbst erhöht, wird erniedrigt werden, und wer sich selbst erniedrigt, wird erhöht werden."

Fragen zur Selbsterforschung:

1. **Was bedeutet das Leiden Jesu für meinen Glauben?**
   - Wie beeinflusst das Verständnis seines Leidens meine Perspektive auf eigenes Leiden und die Herausforderungen im Leben?
2. **Wie reagiere ich auf Schmerz und Ungerechtigkeit in meinem eigenen Leben?**
   - Bin ich dazu bereit, in schwierigen Zeiten zu beten und auf Gott zu vertrauen, und wie gehe ich mit Gefühlen der Verzweiflung um?
3. **Wie gehe ich mit den Leiden anderer um?**
   - Erkenne ich die Nöte meiner Mitmenschen an und bin ich bereit, für sie da zu sein, so wie Jesus es tat?
4. **Inwiefern bin ich bereit, für meinen Glauben Opfer zu bringen?**
   - Welche persönlichen Kompromisse oder Opfer bin ich bereit einzugehen, um meinem Glauben treu zu bleiben?
5. **Wie verstehe ich die Bedeutung von Vergebung im Kontext von Jesu Leiden?**
   - Wie kann ich die Vergebung, die Jesus selbst erlangte, auf meine eigenen Beziehungen anwenden?

Vorschläge zur konkreten Umsetzung:

1. **Reflektiere über das Leiden Jesu.**
   - Nimm dir Zeit, die Leidensgeschichte Jesu zu lesen und darüber nachzudenken, wie sie dein Verständnis von Opfer und Liebe beeinflusst.

2. **Suche aktiv nach Wegen, anderen zu helfen.**
   - Engagiere dich in deiner Gemeinde oder in der Gemeinschaft, um Menschen zu unterstützen, die leiden oder in Not sind.
3. **Praktiziere Gebet in Zeiten des Schmerzes.**
   - Wenn du in schwierigen Zeiten bist, wende dich im Gebet an Gott. Teile deine Sorgen und Ängste mit ihm und suche Trost in der Schrift.
4. **Bereite dich auf persönliche Opfer vor.**
   - Überlege, wie du für deinen Glauben eintreten kannst, auch wenn das bedeutet, gegen den Strom zu schwimmen oder unbequeme Entscheidungen zu treffen.
5. **Vergebe, wie Jesus vergeben hat.**
   - Identifiziere Beziehungen in deinem Leben, in denen Vergebung nötig ist, und setze dir das Ziel, die ersten Schritte zur Versöhnung zu gehen.

Kapitel 11: Das letzte Abendmahl und die Gefangennahme Jesu

Das letzte Abendmahl

Am ersten Tag des Festes der ungesäuerten Brote kamen die Jünger zu Jesus und fragten ihn: „Wo sollen wir das Passamahl für dich vorbereiten?" Jesus antwortete: „Geht in die Stadt zu einem bestimmten Mann und sagt ihm: ‚Der Meister lässt dir sagen: Meine Zeit ist nahe; bei dir will ich mit meinen Jüngern das Passamahl feiern.'"

Die Jünger taten, wie Jesus ihnen befohlen hatte, und bereiteten das Passamahl vor. Als es Abend wurde, setzte sich Jesus mit den Zwölfen zu Tisch. Während sie aßen, sprach er: „Wahrlich, ich sage euch: Einer von euch wird mich verraten." Da wurden sie sehr traurig und begannen, einer nach dem anderen zu fragen: „Herr, bin ich es?" Jesus antwortete: „Der die Hand mit mir in die Schüssel taucht, der wird mich verraten. Der Menschensohn geht zwar dahin, wie es von ihm geschrieben steht, aber weh dem Menschen, durch den der Menschensohn verraten wird! Es wäre für diesen Menschen besser, wenn er nie geboren wäre."

Da ergriff Judas, der ihn verriet, das Wort und sagte: „Bin ich es, Rabbi?" Jesus antwortete ihm: „Du hast es gesagt."

Die Einsetzung des Abendmahls

Während des Essens nahm Jesus das Brot, sprach das Dankgebet, brach es und gab es seinen Jüngern mit den Worten: „Nehmt und esst; das ist mein Leib." Dann nahm er den Kelch, dankte, gab ihn ihnen und sprach: „Trinkt alle daraus. Das ist mein Blut des Bundes, das für viele vergossen wird zur Vergebung der Sünden. Ich sage euch: Von jetzt an werde ich nicht mehr von diesem Gewächs des Weinstocks trinken, bis ich es neu trinke mit euch in dem Reich meines Vaters."

Nach dem Lobgesang gingen sie hinaus zum Ölberg.

Jesus sagt die Verleugnung voraus

Da sprach Jesus zu ihnen: „In dieser Nacht werdet ihr alle an mir Anstoß nehmen. Denn es steht geschrieben: ‚Ich werde den Hirten schlagen, und die Schafe der Herde werden sich zerstreuen.' Aber nach meiner Auferstehung werde ich euch nach Galiläa vorausgehen." Petrus antwortete ihm: „Wenn auch alle an dir Anstoß nehmen, ich werde es niemals tun!" Jesus sprach zu ihm: „Wahrlich, ich sage dir: In dieser Nacht, ehe der Hahn kräht, wirst du mich dreimal verleugnen." Petrus entgegnete: „Und wenn ich mit dir sterben müsste, ich werde dich nicht verleugnen." Ebenso sprachen auch alle anderen Jünger.

Der Kampf im Garten Gethsemane

Dann kam Jesus mit ihnen zu einem Garten namens Gethsemane und sprach zu den Jüngern: „Setzt euch hier, während ich dort hingehe und bete." Er nahm Petrus und die beiden Söhne des Zebedäus mit sich, und er begann traurig und sehr bedrückt zu werden. Da sprach er zu ihnen: „Meine Seele ist zu Tode betrübt; bleibt hier und wacht mit mir."

Er ging ein wenig weiter, fiel auf sein Angesicht und betete: „Mein Vater, wenn es möglich ist, so gehe dieser Kelch an mir vorüber; doch nicht wie ich will, sondern wie du willst." Dann kam er zu den Jüngern zurück und fand sie schlafend. Da sprach er zu Petrus: „Konntet ihr nicht eine Stunde mit mir wachen? Wacht und betet, damit ihr nicht in Versuchung fallt; der Geist ist willig, aber das Fleisch ist schwach."

Zum zweiten Mal ging er hin und betete: „Mein Vater, wenn dieser Kelch nicht vorübergehen kann, ohne dass ich ihn trinke, so geschehe dein Wille!" Wieder kam er zurück und fand sie schlafend, denn ihre Augen waren schwer. Da ließ er sie und ging noch einmal hin, betete zum dritten Mal mit denselben Worten.

Dann kehrte er zu seinen Jüngern zurück und sprach: „Schlaft ihr noch und ruht? Siehe, die Stunde ist gekommen, und der

Menschensohn wird in die Hände der Sünder überliefert. Steht auf, lasst uns gehen! Siehe, der mich verrät, ist nahe."

Die Gefangennahme Jesu

Noch während er redete, kam Judas, einer der Zwölf, und mit ihm eine große Schar mit Schwertern und Knüppeln, geschickt von den Hohenpriestern und Ältesten des Volkes. Der Verräter hatte mit ihnen ein Zeichen verabredet und gesagt: „Der, den ich küssen werde, der ist es; den ergreift." Sogleich trat er zu Jesus und sagte: „Sei gegrüßt, Rabbi!" und küsste ihn. Jesus sprach zu ihm: „Freund, tu, wozu du gekommen bist." Da traten sie heran, ergriffen Jesus und nahmen ihn fest.

Einer von denen, die bei Jesus waren, zog sein Schwert, schlug nach dem Knecht des Hohenpriesters und hieb ihm ein Ohr ab. Da sprach Jesus zu ihm: „Stecke dein Schwert an seinen Ort! Denn alle, die zum Schwert greifen, werden durch das Schwert umkommen. Oder meinst du, ich könnte nicht meinen Vater bitten, und er würde mir sogleich mehr als zwölf Legionen Engel schicken? Aber wie würden dann die Schriften erfüllt, dass es so geschehen muss?"

Zu der Schar sprach Jesus: „Wie gegen einen Räuber seid ihr mit Schwertern und Knüppeln ausgezogen, um mich zu fangen. Täglich saß ich im Tempel und lehrte, und ihr habt mich nicht ergriffen. Aber das alles ist geschehen, damit die Schriften der Propheten erfüllt werden." Da verließen ihn alle Jünger und flohen.

Fragen zur Selbsterforschung:

1. **Was bedeutet die Auferstehung Jesu für meinen Glauben?**
   - Wie beeinflusst die Botschaft der Auferstehung meine Perspektive auf das Leben nach dem Tod und die Hoffnung auf ewiges Leben?

2. **Wie gehe ich mit Zweifeln um, die ich in meinem Glauben habe?**
   - Welche Strategien habe ich, um meine Zweifel zu überwinden und meine Überzeugungen zu stärken?
3. **Inwiefern lebe ich die Freude und Hoffnung, die die Auferstehung mit sich bringt?**
   - Wie drücke ich meinen Glauben in meinem täglichen Leben aus, und wie kann ich anderen von der Hoffnung erzählen, die ich in Christus habe?
4. **Wie beeinflusst die Auferstehung mein Verständnis von Vergebung und Erneuerung?**
   - In welchen Bereichen meines Lebens brauche ich Vergebung und eine neue Perspektive, und wie kann ich dies annehmen?
5. **Wie kann ich die Botschaft der Auferstehung in meiner Gemeinschaft teilen?**
   - Welche konkreten Möglichkeiten habe ich, um anderen von der Auferstehung und der Hoffnung zu erzählen, die sie mit sich bringt?

Vorschläge zur konkreten Umsetzung:

1. **Reflektiere über die Bedeutung der Auferstehung.**
   - Nimm dir Zeit, um über die Auferstehung Jesu zu meditieren und darüber nachzudenken, wie sie dein Leben beeinflusst. Schreibe deine Gedanken auf und bete darüber.
2. **Feiere die Hoffnung des Glaubens.**
   - Organisiere oder nimm an einem Ostergottesdienst oder einer besonderen Feier teil, um die Auferstehung gemeinsam mit anderen zu feiern und Freude auszudrücken.
3. **Sprich offen über deine Zweifel.**
   - Suche das Gespräch mit anderen Gläubigen über deine Zweifel und Ängste. Lass dich von ihren Erfahrungen inspirieren und ermutigen.
4. **Praktiziere Vergebung und Erneuerung.**
   - Identifiziere eine Beziehung oder eine Situation, in der du Vergebung benötigst, und setze dir das Ziel, aktiv auf denjenigen zuzugehen und um Vergebung zu bitten oder zu vergeben.
5. **Teile die Botschaft der Auferstehung.**
   - Entwickle eine einfache Möglichkeit, anderen von der Botschaft der Auferstehung zu erzählen. Das kann durch persönliche Gespräche, kleine Gruppen oder soziale Medien geschehen.

Kapitel 12: Der Prozess, das Kreuz und die Auferstehung

Der Prozess vor dem Hohen Rat

Nachdem Jesus gefangen genommen worden war, führten ihn die Soldaten zum Hohenpriester Kajaphas, wo sich die Schriftgelehrten und Ältesten versammelt hatten. Petrus folgte ihm in einiger Entfernung bis in den Hof des Hohenpriesters und setzte sich zu den Dienern, um zu sehen, wie es ausgehen würde.

Die Hohenpriester und der ganze Hohe Rat suchten falsches Zeugnis gegen Jesus, um ihn zu töten, aber sie fanden nichts, obwohl viele falsche Zeugen auftraten. Schließlich traten zwei Zeugen vor und sagten: „Dieser Mensch hat gesagt: ‚Ich kann den Tempel Gottes niederreißen und in drei Tagen wieder aufbauen.'" Da stand der Hohepriester auf und fragte ihn: „Hast du nichts zu sagen zu dem, was diese gegen dich vorbringen?" Aber Jesus schwieg.

Der Hohepriester sprach: „Ich beschwöre dich bei dem lebendigen Gott, dass du uns sagst, ob du der Christus, der Sohn Gottes, bist." Jesus antwortete: „Du hast es gesagt. Doch ich sage euch: Von nun an werdet ihr den Menschensohn sitzen sehen zur Rechten der Macht und kommen auf den Wolken des Himmels." Da zerriss der Hohepriester seine Kleider und sprach: „Er hat Gott gelästert! Was brauchen wir noch Zeugen? Seht, jetzt habt ihr die Lästerung gehört. Was meint ihr?" Sie antworteten: „Er ist des Todes schuldig!" Dann spuckten sie ihm ins Gesicht und schlugen ihn mit Fäusten. Einige aber schlugen ihn ins Gesicht und sagten: „Weissage uns, Christus! Wer hat dich geschlagen?"

Die Verleugnung des Petrus

Währenddessen saß Petrus draußen im Hof, und eine Magd trat zu ihm und sagte: „Du warst auch mit Jesus, dem Galiläer." Aber er leugnete vor allen und sprach: „Ich weiß nicht, wovon du redest." Als er hinausging zum Tor, sah ihn eine andere Magd und sagte zu denen, die dort standen: „Dieser war auch mit Jesus von Nazareth.“ Wieder leugnete er mit einem Eid: „Ich kenne den Mann nicht!“ Nach einer Weile kamen die Umstehenden heran und sagten zu Petrus: „Wahrhaftig, du bist auch einer von ihnen; denn dein Dialekt verrät dich.“ Da fing er an, zu fluchen und zu schwören: „Ich kenne den Mann nicht!“ Und sogleich krähte der Hahn. Da erinnerte sich Petrus an das Wort Jesu: „Ehe der Hahn kräht, wirst du mich dreimal verleugnen.“ Und er ging hinaus und weinte bitterlich.

Jesus vor Pilatus

Am Morgen führten die Hohenpriester und Ältesten Jesus gebunden zu Pilatus, dem römischen Statthalter. Pilatus fragte ihn: „Bist du der König der Juden?“ Jesus antwortete: „Du sagst es.“ Aber auf die Anschuldigungen der Hohenpriester und Ältesten hin schwieg Jesus. Da sprach Pilatus: „Hörst du nicht, was sie alles gegen dich vorbringen?“ Aber er antwortete ihm nicht ein einziges Wort, sodass der Statthalter sich sehr wunderte.

Es war Brauch, dass der Statthalter zum Fest einen Gefangenen freigab, den das Volk wählte. Damals hatte man einen berüchtigten Gefangenen, der Barabbas hieß. Pilatus fragte die Menge: „Wen wollt ihr, dass ich euch freigebe: Barabbas oder Jesus, der Christus genannt wird?“ Denn er wusste, dass sie ihn aus Neid überliefert hatten. Während Pilatus auf dem Richterstuhl saß, ließ ihm seine Frau sagen: „Habe nichts zu schaffen mit diesem Gerechten; denn ich habe heute Nacht seinetwegen viel gelitten im Traum.“ Aber die Hohenpriester und die Ältesten überredeten die Menge, Barabbas zu verlangen und Jesus hinrichten zu lassen.

Pilatus fragte noch einmal: „Wen von beiden soll ich euch freigeben?“ Sie riefen: „Barabbas!“ Pilatus sprach zu ihnen: „Was soll ich dann mit Jesus tun, der Christus genannt wird?“ Sie schrien alle: „Kreuzige ihn!“ Pilatus fragte: „Was hat er denn Böses getan?“ Doch sie schrien noch lauter: „Kreuzige ihn!“ Als Pilatus sah, dass er nichts erreichte, sondern dass ein Aufruhr entstand, nahm er Wasser, wusch sich vor der Menge die Hände und sagte: „Ich bin unschuldig am Blut dieses Gerechten; das ist eure Sache!“ Das ganze Volk antwortete:

„Sein Blut komme über uns und unsere Kinder!" Da gab er ihnen Barabbas frei, ließ aber Jesus geißeln und überlieferte ihn zur Kreuzigung.

Die Kreuzigung

Die Soldaten des Statthalters nahmen Jesus mit in das Prätorium, zogen ihm seine Kleider aus und legten ihm einen scharlachroten Mantel um. Sie flochten eine Krone aus Dornen, setzten sie ihm auf das Haupt und gaben ihm ein Rohr in die rechte Hand. Dann knieten sie vor ihm nieder, verspotteten ihn und sagten: „Sei gegrüßt, König der Juden!" Sie spuckten ihn an, nahmen das Rohr und schlugen ihm auf den Kopf. Nachdem sie ihn verspottet hatten, zogen sie ihm seine Kleider wieder an und führten ihn hinaus, um ihn zu kreuzigen.

Als sie hinausgingen, trafen sie einen Mann aus Kyrene namens Simon; den zwangen sie, sein Kreuz zu tragen. Als sie an den Ort namens Golgatha kamen, das heißt Schädelstätte, gaben sie ihm Wein mit Galle vermischt zu trinken; aber als er davon kostete, wollte er nicht trinken. Nachdem sie ihn gekreuzigt hatten, verteilten sie seine Kleider unter sich und warfen das Los darum. Dann setzten sie sich nieder und bewachten ihn dort. Über seinem Haupt brachten sie eine Aufschrift an, die lautete: „Dies ist Jesus, der König der Juden."

Zwei Räuber wurden mit ihm gekreuzigt, einer zu seiner Rechten und einer zu seiner Linken. Die Vorübergehenden lästerten ihn, schüttelten den Kopf und sagten: „Der du den Tempel abreißen und in drei Tagen aufbauen willst, rette dich selbst! Wenn du Gottes Sohn bist, steig herab vom Kreuz!" Ebenso verspotteten ihn auch die Hohenpriester, die Schriftgelehrten und Ältesten und sagten: „Anderen hat er geholfen, sich selbst kann er nicht helfen! Er ist der König von Israel; er soll jetzt vom Kreuz herabsteigen, dann werden wir an ihn glauben. Er hat auf Gott vertraut; der soll ihn jetzt retten, wenn er ihn liebt! Denn er hat gesagt: ‚Ich bin Gottes Sohn.'" Auch die Räuber, die mit ihm gekreuzigt waren, schmähten ihn ebenso.

Jesu Tod

Von der sechsten bis zur neunten Stunde kam eine Finsternis über das ganze Land. Um die neunte Stunde schrie Jesus laut: „Eli, Eli, lama sabachthani?", das heißt: „Mein Gott, mein Gott, warum hast du mich verlassen?" Einige von denen, die dabeistanden, sagten, als sie das hörten: „Er ruft nach Elia." Sogleich lief einer von ihnen, nahm einen Schwamm, füllte ihn mit Essig, steckte ihn auf ein Rohr und gab ihm zu trinken. Aber die anderen sagten: „Lass, wir wollen sehen, ob Elia kommt, um ihn zu retten." Jesus aber schrie noch einmal laut auf und gab den Geist auf.

In dem Augenblick zerriss der Vorhang im Tempel von oben bis unten, die Erde bebte, und die Felsen zersprangen. Die Gräber öffneten sich, und viele Leiber der entschlafenen Heiligen wurden auferweckt. Als der Hauptmann und die Soldaten, die Jesus bewachten, das Erdbeben sahen und was geschah, erschraken sie sehr und sagten: „Wahrhaftig, dieser war Gottes Sohn!"

Die Auferstehung

Am ersten Tag der Woche, als es noch dunkel war, kamen Maria Magdalena und die andere Maria, um das Grab zu sehen. Und siehe, es gab ein großes Erdbeben; denn ein Engel des Herrn kam vom Himmel herab, trat an das Grab, wälzte den Stein weg und setzte sich darauf. Sein Aussehen war wie ein Blitz, und sein Gewand weiß wie Schnee. Die Wächter zitterten vor Angst und wurden wie tot.

Der Engel sprach zu den Frauen: „Fürchtet euch nicht! Ich weiß, dass ihr Jesus, den Gekreuzigten, sucht. Er ist nicht hier; er ist auferstanden, wie er gesagt hat. Kommt her und seht den Ort, wo er gelegen hat! Und geht schnell hin und sagt seinen Jüngern, dass er von den Toten auferstanden ist und ihnen nach Galiläa vorausgeht; dort werdet ihr ihn sehen."

Da gingen die Frauen schnell vom Grab weg, mit Furcht und großer Freude. Ob und wann sie es anderen erzählt haben, ist nicht bekannt. Seither aber haben viele davon erfahren und erzählen es bis heute weiter.

Fragen zur Selbsterforschung:

1. **Was bedeutet die Auferstehung Jesu für meinen Glauben und mein Verständnis von Gottes Plan?**
   - Wie hilft mir die Vorstellung, dass Jesus auferstanden ist, meine Perspektive auf das Leben und die Beziehung zu Gott zu klären?
2. **Inwieweit bin ich mir der Gegenwart Jesu in meinem Leben bewusst?**
   - Wie erlebe ich die Nähe und die Führung Jesu in meinem Alltag, und wie kann ich diese Beziehung stärken?
3. **Wie gehe ich mit der Hoffnung auf die Wiederkunft Jesu um?**
   - Welche Rolle spielt die Erwartung der Wiederkunft Jesu in meinem Leben, und wie beeinflusst sie mein Handeln und meine Entscheidungen?
4. **In welcher Weise beteilige ich mich an der Mission der Gemeinde?**
   - Wie setze ich meine Gaben und Talente ein, um die Botschaft des Evangeliums zu verbreiten und andere zum Glauben zu führen?
5. **Wie reflektiere ich über mein eigenes Lebensziel und meine Bestimmung im Licht von Jesu Auferstehung?**
   - Inwieweit sehe ich meine Lebensziele im Einklang mit dem, was Gott für mich vorgesehen hat, und wie kann ich danach streben, diese zu erreichen?

Vorschläge zur konkreten Umsetzung:

1. **Studien über die Auferstehung Jesu.**
   - Nimm dir Zeit, die biblischen Berichte über die Auferstehung Jesu zu lesen und darüber nachzudenken, was sie für deinen Glauben bedeutet. Schreibe deine Einsichten auf.
2. **Stärke deine Beziehung zu Jesus.**
   - Plane regelmäßige Zeiten für Gebet und stille Reflexion ein, um die Gegenwart Jesu in deinem Leben bewusster zu erfahren und zu erkennen.
3. **Erwarte die Wiederkunft Jesu aktiv.**
   - Teile deine Hoffnung auf die Wiederkunft Jesu mit anderen, indem du in Gesprächen und in sozialen Medien darüber sprichst, und lade andere ein, diese Hoffnung mit dir zu teilen.
4. **Engagiere dich in der Gemeinde.**
   - Suche nach Möglichkeiten, in deiner Gemeinde aktiv zu werden, sei es durch Freiwilligenarbeit, den Dienst in einem bestimmten Bereich oder die Teilnahme an missionarischen Projekten.
5. **Setze dir klare Lebensziele im Glauben.**
   - Überlege dir, was du in deinem Leben erreichen möchtest, um Gottes Plan zu dienen, und erstelle einen Aktionsplan, um diese Ziele zu verfolgen und umzusetzen.